我最喜爱的第一本百科全书

地理奥秘
一点通

周 周◎编著

北京联合出版公司
Beijing United Publishing Co.,Ltd.

图书在版编目（CIP）数据

地理奥秘一点通 / 周周编著． -- 北京 ：北京联合
出版公司，2014.8（2022.1重印）
（我最喜爱的第一本百科全书）
 ISBN 978-7-5502-3442-0

 Ⅰ．①地… Ⅱ．①周… Ⅲ．①地理－世界－少儿读物
Ⅳ．①K91-49

中国版本图书馆CIP数据核字（2014）第190277号

地理奥秘一点通

编　著：周　周
选题策划：大地书苑
责任编辑：徐　秀　琴
封面设计：尚世视觉

北京联合出版公司出版
（北京市西城区德外大街83号楼9层　　100088）
北京一鑫印务有限责任公司印刷　新华书店经销
字数233千字　710毫米×1000毫米　1/16　14印张
2019 年 4 月第 1 版　2022年1月第 3 次印刷
ISBN 978-7-5502-3442-0
定价：59.80 元

序言

给小朋友的话

　　小朋友，你每天背着沉甸甸的书包，做着数不清的作业，是不是有时候会觉得辛苦、疲惫呢？可能有时候你也会这样想：如果获得知识也能像玩耍那样快乐该有多好啊！

　　本套丛书正是为你所设计的。从一个个简单、有趣的故事中，从一幅幅漂亮、好玩的插图上，使你在学习时能拥有一个轻松、舒适的氛围，并从书中探知你从前所不知道的世界，获得更多有用的知识。

序言

给家长的话

　　您的孩子现在正处于少年儿童时期，他们天真活泼、富于幻想，有很强的好奇心和求知欲，对身边的新鲜事物总是想要探究一下，"为什么"也就成了他们挂在嘴边的言语之一。这个时候，我们家长千万不能不理睬、不回应他们的好奇心，也不要随便找一本《百科全书》就扔给他们。作为孩子的启蒙教育者，我们更应该精心挑选一些适合他们这个年龄段阅读的生动有趣的知识性图书，并且要积极地引导他们在阅读过程中多加思考。这样不仅能够使他们真正获得丰富有用的知识，而且还能够培养他们主动思考的好习惯，从而开阔孩子的视野，并有益于他们未来的人生道路。

　　如今这个时代，人们极力呼吁素质教育和能力教育。从孩子的成长过程来看，能力最初来源于知识的不断积累和对思维方式的创新与开发。从无数的例子中可以发现，孩子最初并不常对某些事情发表看法，最主要的原因是他们对这些事情一无所知。然而，一旦他们非常了解一件事情，即使是最内向的孩子，也会想要将自己获得的知识告诉别人，此时如果得到鼓励，他将会更加积极地探究、思考更多的事情。长此以往，孩子的头脑中关于思考、创新的部分将得到很大的锻炼和提高，最终一定有利于他们未来的人生道路。

　　为此，我们特意编写了这套蕴含着丰富知识的系列丛书，在兼具科学性和趣味性的同时，结合当今时代的特征和少年儿童的特点，将最新的科学、人文知识介绍给广大的小读者们。这不仅可以帮助他们认识世界、了解世界，而且也是对课本内容的补充和深化，有助于提高孩子们的综合素质和个人能力。

目录

1 地球是怎样形成的？

地球是我们人类世世代代生存的家园，但生活在地球上的我们是否知道地球是怎样形成的呢？

大约在几十亿年以前，我们的太阳系还只是一团不断旋转的像盘子似的一块星云。盘中的星云微粒在互相碰撞、吸附和旋转的过程中不断壮大，最后形成了几个原始星球的胚胎，其中一个就是地球。刚刚形成的地球不断地旋转着，使重的物质沉到地心，轻的物质留在表层，从而形成了由地壳、地幔、地核三部分组成的地球内部层圈。

早期的地球在不断地熔融和凝结过程中释放出大量的甲烷、氨、水和氢气，它们被地球捕集，形成了原始的大气和海洋。在阳光的沐浴下，地球逐渐变暖，接着产生了风暴、电闪雷鸣、火山爆发和岩浆奔流等等这样的现象。在这个过程中，经过分子的组合和复杂的化学变化，逐渐形成了能不断自我复制的分子，又经过了漫长的不断演化，最终形成了原始的生命。

太阳系

太阳系在银河系之中，是以太阳为中心，由包括我们地球在内的八大行星、矮行星、太阳系小天体围绕它不停旋转而形成的一个天体系统。

1. 地球内部是由（ ）构成的。
A 地壳、地幔　　B 地壳、地核　C 地壳、地幔、地核
2. 太阳系从开始到现在经过了（ ）年。
A 几百万年　　B 几十亿年　　　C 几千万年

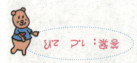

答案：1. C　2. B

2　地球的年龄有多大？

地球有多大岁数？从人类的老祖先开始，人们就一直在苦苦思索着这个问题。

地球的地质年龄，我们现在一般是根据放射性元素的衰变规律来估算它。科学家们通过

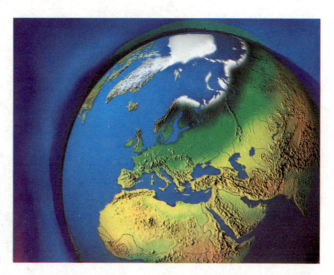

这种方法测得了地球上许多古老岩石的年龄。近年来，科学家们又测得了一些坠落到地球上的陨石年龄是 44 亿 ~48 亿年，而从月球取回的岩石

地理奥秘一点通

样本的年龄是 46 亿年左右。

经过科学家们大量的测算和必要的校正，现在国际上普遍以 45.5 亿年作为地球的地质年龄。

放射性元素的衰变规律

有一种化学元素可以自己发出一股射线变成另外一种元素，它就是放射性元素。而这种放射性元素发出射线变成另一种元素的规律就叫做放射性元素的衰变规律。

小资料

考考你

1. 现在国际上公认的地球的年龄是（　　）。
A 44 亿年　　B 45.5 亿年　　C 46 亿年
2. 地球年龄是通过（　　）得来的。
A 科学家的猜想　　B 动植物年龄推算
C 岩石中放射性元素的衰变规律

答案：1.B 2.C

3 地球的总面积是怎样知道的？

　　世界上第一个用测量的方法推算出地球大小的人是古希腊学者埃拉托色尼。

　　在亚历山大港以南的阿斯旺有一口很深的枯井，每年只有夏至那一天的正午，太阳才能够一直射到井底，也就是说，这一天的正午，太阳位于阿斯旺的天顶；而与此同时的亚历山大港正午的太阳并不是直

射的。

　　埃拉托色尼用一根垂立地面的长柱，测得亚历山大港那天太阳的入射角为 7.2 度，而这 7.2 度的相差，正是亚历山大港和阿斯旺两地的地面弧距。据

地理奥秘一点通

此，他求得地球的圆周为25万斯台第亚（相当于39816千米），这个数值已经很接近目前计算出来的地球圆周。此后，科学家们分别运用相似法、三角测量法做了精密的测算，算得地球的平均半径为6371千米，然后根据几何公式推算出地球的总面积大约是5.1亿万平方千米。

地球的表面

地球表面分布着黄色的陆地和蔚蓝色的海洋。浩瀚的海水占据了地球三分之二以上的表面。陆地分散在海洋中间，把广大的水面分成了四大块，即太平洋、大西洋、印度洋和北冰洋。陆地表面凹凸不平的地方则是平原、盆地、山脉等。

1. 世界上第一个用测量的方法推算出地球大小的人是古希腊学者（　）。
A 亚里士多德　B 伽利略　C 埃拉托色尼
2. 科学家们根据几何公式推算出地球的总面积大约是（　）平方千米。
A 960　B 1300　C 5.1亿

答案：1. C 2. C

4 未来地球将是什么模样？

由最初的宇宙大爆炸不断演化，形成了今天的银河系、银河外星系等宇宙天体物质。地球也随

之诞生，并经过漫长的进化、变迁，造就了我们今天的盎然生机。

地球的热量主要来自于放射性元素所产生的能量。在地质变迁过程中，随着地球内部放射性元素的不断减少，地壳温度逐渐下降，地质构造运动和火山运动逐渐减弱，地球表面的高山将不断被削蚀，低谷不断被填平，最后整个地球表面将被会海水覆盖，变成一片汪洋大海。但是，这大概需要几十亿年甚至更

地理奥秘一点通

长的时间。

另外，太阳——地球所赖以生存的恒星，也主宰着地球的命运。现在正处于壮年期的太阳，几十亿年后就会进入红巨星阶段。到那时，太阳会变热膨胀，亮度会增加近千倍，直径也增大200倍，地球将被烤为灰烬，最终挥发掉，地球上的生命也就灭亡了。

红巨星

当一颗恒星的中心快要燃烧尽的时候，它将进入老年期。这时，它的体积会迅速膨胀，表面的温度也会降低而发出红光，这个阶段的恒星称为红巨星阶段。

小资料

考考你

1. 地球产生的方式是（　　）。
A 宇宙大爆炸　　B 上帝创造出来的
C 人们想象出来的
2. 地球最终会（　　）。
A 永远存在下去　　B 变成汪洋大海或被太阳烤为灰烬　　C 变成红巨星

答案：1.A 2.B

5 地心温度有多高？

地球作为一个整体是由同心圈层构成的，从表面向地心依次为地壳、地幔、地核。它们的温度都不相同，越往地心温度越高。

最外层的地壳平均厚度为33千米，地壳的底部温度能达到1000℃左右。地壳往下是地幔，地幔为固体层，厚度在2900千米左右。地幔再往里就是地核，它的半径约3500千米，成份主要是铁。地核可分为"外地核"和"内地核"两层。处在地表以下2900～5120千米的部分叫外地核，是液体状态。从5120千米直到地心则为内地核，是固体状态。

科学家通过模拟的

地理奥秘一点通

方法来推测地心的温度。由于地球中心是熔融状态的铁，通过制造与地球内部相同的压力条件，在此条件下测出铁熔化的温度就可以测出地球中心的温度。经过 500 次试验，科学家们得到铁在这种高压条件下的熔化温度是 7300℃，但由于地心还存在硫等其他元素，会降低铁的熔化温度，因此，最终结论是地心温度约为 5500℃～6000℃。

物质的状态

物质一般有固态、液态、气态三种状态：固态是物体有一定体积和形状，比较坚硬的状态；液态是物体有一定体积，没有一定形状，可以流动的状态；气态是物体没有一定体积和形状，可以流动的状态。随着温度和压力的改变，物质的不同状态可以相互转化。

小资料

考考你

1. 地球内部温度的变化是（　　）。

A 越往地心温度越高　　　B 越往地心温度越低

　C 温度都一样

2. 地心的最高温度可达到（　　）。

A 1000℃　　B 7300℃　　C 6000℃

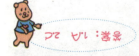

答案：1.A　2.C

6 为什么太阳系中只有地球有生命？

在太阳系的八大行星中只有地球上有生命存在,这究竟是为什么呢?因为地球上具备生命赖以生存的条件。

生命要生存下去,必须有阳光、水和适宜的温度,这样生命才能进行新陈代谢,繁衍生息。地球距离太阳不远不近,接受的太阳光照适中,植物可以随时随地进行光合作用储存生命活动需要的能量,而依赖植物生存的动物也可以获得食物,得以生存。

地球上适宜的温度,也是生命存在必需的条件。大气层就像一床厚棉

地理奥秘一点通

我最喜爱的 第一本 百科全书

被起着保温的作用，使照射到地球表面的太阳光与热不会立刻散发到太空中去，温度才不会剧烈变化。同时，大气层也挡住了来自宇宙空间强烈的紫外线，使地球上的生命免遭伤害。

最重要的是，地球上有大量的水，为生命的延续提供了源泉。

新陈代谢

新陈代谢就是有生命的物体不断从外界获得维持生命存活所必需的物质，同时把体内产生的废物排出体外的过程。新陈代谢是维持我们能够存活生长最基本的生命活动。

小资料

012

考考你

1. 地球上的温度不会发生剧烈变化的原因是（　　）。
A 大气层的保温作用　B 太阳光很强烈
C 地球外面有棉被
2. （　　）不是地球上生命存在的必要条件。
A 阳光　B 水　C 紫外线

答案：1. A 2. C

7 人类起源于大海吗？

　　地球已经存在了近 46 亿年。在地球形成的初期，熔融的地球热量使水化为蒸气，变成包围地球、宇宙射线不易穿透的云层。随着地球的逐渐冷却，云中的蒸气变成水开始降雨。大雨连续下了几千年，于是诞生了生命起源的海洋。

　　大约在 30 亿年以前，大雨停止了。地球原始大气中的水、二氧化碳、氢气、氨气等气体在宇宙射线、闪电、高温等作用下生成了一些有机化合物。这些小分子在适当的条件下聚集成大分子，又经过长期的、复杂的变化，最终形成了能和外界交换能量的原始生命。随着生命的不断

013

演变、进化，海洋生物有了越来越复杂的结构。随着地质的变迁，海洋生物中的一部分开始生活在陆地上，又经过漫长的进化发展，原始人类开始出现，并不断进化为现在的人类。所以可以说，人类的生命是源于海洋的。

有机化合物

有机化合物也称有机物，通常指含碳元素的化合物，其中很多能够为生命体提供营养，支持生命活动，甚至构成生命体本身。在地球形成以后，有机物是对生命起源起着重要作用的物质。

小资料

考考你

1. 人类是由（　　）。
A 海洋里进化来的　　B 女娲造出来的
C 上帝造出来的
2. 地球有近（　　）的历史。
A 30 亿年　　B 46 亿年　　C 50 亿年

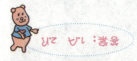

答案：1.A　2.B

8 经纬线是怎样确定的?

打开任何一张地图,或者转动一下地球仪,我们都会发现上面布满了纵横交错的线条,横的叫纬线,纵的就叫经线。通过这些经纬线,我们可以方便地确定地球上任意地点的位置,这对于航海和航空过程中的定位十分有用。

我们已经知道,地球是绕着地轴旋转的,地轴是一根假想的连接南北两极并穿过地球中心的线。沿着地轴,从北极到南极,可以画上 360 个圆弧,把地球分成 360 等份,这些圆弧就是经线。国际上统一规定,以英国伦敦的格林威治天文台的经度为零度经线,从这条线向东向西各分 180 度,向东的称为东经,向西的称为西经,所以东经 180 度和西经 180 度实际上是同一条线,一般就叫它 180 度经线。地图上用来区分日期的国际日期变更线,就是以这条线为标准的。

地理奥秘一点通

纬线是与经线相垂直的线，以赤道为零度纬线，向南向北各定到90度，赤道以南是南纬，以北是北纬。北纬90度是北极，南纬90度是南极。

经线和纬线

为了方便描述我们地球表面上各地点的位置，人们假定出一条环绕地球表面距离南北两极相等的圆周线，这条线就叫做赤道。沿地球表面跟赤道平行的圆周线叫做纬线，而连接南北两极跟赤道垂直的线则叫经线。这样一来，地球上任意一点都可以用经纬来表示了。

小资料

考考你

1. 地球仪上的经线一共有（　　）。

A 360 条　　B 36 条　　C 24 条

2. 零度经线在（　　）。

A 英国伦敦　　B 中国北京　　C 美国华盛顿

答案：1.A　2.A

9 东南西北是怎么确定的?

当你在海上或森林里迷路时，最需要的就是指南针，用它来认清东南西北四个方向。但是你想过没有，地球上的四个方向是根据什么来确定的呢?

地理上的东是指与地球自转方向一致的方向，西就是与地球自转方向相反的方向。有了东西，就产生了南北。地球上南北的终点是南北两极，如果我们从地球中间的赤道出发，向北走去，最终会走到北极。站在北极点，你不管向哪个方向走，都是向南方行走，不存在向东或者向西的可能。因为北极点的四面八方都是南方。同理，南极的四周也都是北。但是，东西方向是没有终点的，如果我们从

地理奥秘一点通

地球的某一点出发，一直向东行走，你总会走回原地，那时候你就是绕了地球一周。

如果你拿着一张没有特别标记的地图，就可以依据公认的规则认为是：上北下南，左西右东。

北极点

我们居住的地球每天都在不停地自转着，它所旋转的轴是用眼睛看不到的，但是我们假想它是一条由两端穿过地球中心的线，并称之为地轴。地轴的两端就是南北两极，而地轴的北端，北半球的顶点就叫做北极点。

1.地球上，南方的终点是（   ）。

A 南极   B 北极   C 两极

2.在一张没有特别标记的地图上，下面的方向是（   ）。

A 北方   B 南方   C 东方

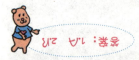

答案：1.A 2.B

10 为什么秋天会感到"秋高气爽"？

秋季是由夏到冬的过渡季节，这时太阳照射的角度由大变小，地面所受的太阳光热比夏季显著减少。在9月初，就有冷空气频频南下，长

驱直入长江中下游地区，促使夏季滞留在此地的南方暖湿空气迅速南移。因此，在9~10月份，长江中下游地面上往往已为冷高气压所控制。而在

高空，夏季盘踞在这里的太平洋副热带高气压，还没有向南退却，所以这时地面和高空都在高气压控制之下。在高压区，下沉气流盛行。

在气流下沉

地理奥秘一点通

过程中，空气的体积要受到压缩，气温因而增高，这就使得空气的相对湿度变小，空气变得干燥，不利于云和雨的形成。这是长江中下游地区产生秋高气爽天气的主要原因。过了 10 月以后，高空的副热带高气压南移，长江中下游在西风带的控制下，成云降雨的机会就比秋季多了。

华西多秋雨

我国有些地区，因为地形崎岖起伏，既延缓了南方暖气流南撤，又减弱了北方冷空气的入侵。所以在秋季，冷暖气团在此交锋滞留的机会较多。在冷暖气团交锋时，空气的体积膨胀，气温逐渐冷却，容易使水汽形成降雨。所以，我国华西地区经常是秋雨绵绵，天气远不如长江中下游那样好。

小资料

考考你

秋季是由夏到冬的过渡季节，这时太阳照射的角度（　　）。

A 由大变小　　B 由小变大　　C 不变

答案：A

11 24节气划分的依据是什么?

我国的节气就是把一年内地球围绕太阳公转在轨道上的位置变化,以及因此而引起的地面气候演变次序分为24段,每段约隔半个月时间,分

列在12个月里,然后规定出各段名称。24节气依次为:立春、雨水、惊蛰、春分、清明、谷雨、立夏、小满、芒种、夏至、小暑、大暑、立秋、处暑、白露、秋分、寒露、霜降、立冬、小雪、大雪、冬至、小寒、大寒。

节气是我们华夏祖先历经千百年的实践创造出来的宝贵科学遗产,是反映气候和物候变化、掌握农事季节的工具。

021

24 节气是根据地球在黄道（即地球绕太阳公转的轨道）上的位置来划分的。地球绕太阳公转一周是 360 度，以春分为起点定为 0 度，每前进 15 度是一个节气，例如清明、谷雨、立夏、小满分别对应 15 度、30 度、45 度、60 度。这样运行一周又回到春分点，为一回归年，总共 360 度，因此分为 24 个节气。

节气歌

春雨惊春清谷天，夏满芒夏暑相连。

秋处露秋寒霜降，冬雪雪冬小·大寒。

上半年来六、廿一，下半年是八、廿三。

每月两节不变更，最多相差一两天。

小资料

考考你

1. 24 节气是根据（　　）来划分的。
A 地球在黄道上的位置　　B 古人的经验
C 月份
2. 夏至时地球在黄道上的位置对应是（　　）。
A 30 度　　B 60 度　　C 90 度

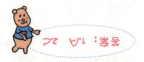

答案：1. A　2. C

12 大气层究竟有多厚？

　　大气层到底有多厚？天到底有多高？长期以来，人们一直在思考这个问题。人类经过不懈地探索和追求，对大气层的认识越来越清晰了。

　　整个大气层可以分为对流层、平流层、中间层、热层和外层。从地面到地面以上 20 千米处是对流层。在这一层里，气温随高度的升高而不断降低，风、霜、雨、雪、云雾、冰雹等变化多端的天气现象都发生在这一层。从距地面 20 千米往上到 50 千米的高空是平流层。平流层里空气稀薄，气流十分平稳，很适合飞机飞行。从距地面 50 千米至 85 千米的高空是中间层，这一层的气温随高度升高而降低，最高处气温低至零下 90℃。从中间层往上到距地面 500 千米的高空是热层，热层的下部气温随

高度的升高而升高，在距地面 250 千米的高空，气温可达 2000℃，并恒定下来。再往上就是外层，这里大气极其稀薄，高速的气体粒子经常会挣脱地球引力，逃逸到外层空间，所以外层又称散逸层。因此，地球大气层能延伸到地球的几个半径那么远。

大气层

我们地球的外面包围了厚厚的一层气体，包括我们生存必不可少的氧气，还有氮气、二氧化碳等气体。这些包围着地球的气体叫做大气，而包围地球的气体层叫做大气层。

小资料

考考你

1. 大气层共分为（   ）层。
A 3 层   B 4 层   C 5 层
2. 空中的（   ）最适合飞机飞行。
A 对流层   B 平流层   C 热层

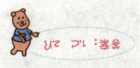

答案：1. C 2. B

13 云彩是怎么形成的?

"蓝蓝的天上白云飘,白云下面马儿跑……"歌声中我们经常听到对蓝天、白云的赞美,那么云彩是怎么形成的呢?

形成云彩的主要原因是由于潮湿空气的上升造成的。暖湿气流在上升的过程中,因为外界气压随高度降低,而它的体积逐渐膨胀,膨胀必然要消耗能量,消耗能量导致的结果就是降温。

上升空气的气温降低了,它里面所含水汽的压力就会减少,于是就会有一部分水汽以空气中的尘埃为核形成小水滴。这些小水滴体积非常小,但浓度很大,因为它下降的速度很小,所以被上升的气流托着,形成浮云。

我们已经知道,云彩是由于潮湿空气上升造成的,那么怎样才会发生潮湿空气的上升运动呢?

首先是热力作用。夏

地理奥秘一点通

天，太阳光辐射强烈，近地面的空气被急剧加热，热而轻的空气很容易产生上升运动。

其次是冷暖空气交锋，暖空气在冷空气上面上升也会形成云层。

最后是因为地形的作用，平流的湿空气遇到山脉、丘陵的阻挡，就会被迫上升而形成云。

云彩的种类

云彩有很多不同种类，主要包括层云、卷云、积云、积雨云、雨层云等。层云指偏平的低空灰色云层；卷云是由冰晶构成的缕缕浮云；积云是一团白色絮状云；积雨云指带雨的黑暗风暴云；雨层云则是低层的雨云。

1. 形成云彩的主要原因是由于潮湿空气（   ）造成的。

　　A 下降　　B 上升　　C 不变

2. 夏天，太阳光辐射强烈，近地面的空气被急剧（   ）。

　　A 降温　　B 不变　　C 加热

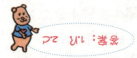

答案：1.B 2.C

14 梅雨是怎样形成的?

我国江南地区，在梅子成熟的季节会阴雨连绵，通常要好多天才会停止下雨，这时候的雨被称为"梅雨"。

梅雨是怎样形成的呢?

在我国南方，每年从春季开始，暖湿空气势力增强，从海上进入大陆以后，与北方南下的冷空气相遇，由于从海洋上来的暖湿空气含水汽很大，冷暖交锋就形成了长长的雨带。

如果冷空气势力比较强，雨带则向南移动；如果暖空气比较强，雨

地理奥秘一点通

带则向北移动。但是，在梅子快要成熟的这段时期，冷暖空气的势力相当，你追我赶互不相让，两种空气就在江南地区展开了"拉锯战"，因此就形成了长期阴雨绵绵的天气，也就是江南地区的"梅雨"天气。

梅雨的地域

世界上，只有中国长江中下游流域、日本的东南部和朝鲜半岛南部有梅雨现象出现，因此梅雨是东亚地区特有的气候现象。在中国，则是长江中下游地区所独有的气候现象。

考考你

梅子成熟的季节，我国江南地区会出现（　　）天气。

A 梅雨　B 干旱　C 大风

答案：A

15 为什么雷雨前很闷热？

夏天的时候，经常下雷雨，雷雨来临之前，通常会天气闷热，让人觉得透不过气来。但是，为什么雷雨前会很闷热呢？

因为雷雨的形成需要两个条件：一是地面上温度要高，二是大气层里湿度要大。地面上热了，靠近地面的空气温度能升得很高，变得轻轻地浮向高空。但是如果只是热，空气很干燥的话，雷雨也是不会发生的，只有当湿度大了，有潮湿的空气上升到了高空，才会形成雷雨云。天空里有了雷雨云，就可能有雷雨发生。

大气里温度高了，水汽多了，这时候地面上的水不易蒸发，人身上的汗也不容易干，这样我们就会感到十分闷热。谁都

地理奥秘一点通

有这样的经验，当我们在浴室里洗澡时感到又热又闷，这就是由于浴室里温度高、水汽多的缘故。所以，闷热是大气里水汽多、温度高的表现，也就是雷雨发生的预兆。

降雨的分类

　　最常用的对降雨的分类方法是按降水量的多少来划分降雨的等级。根据国家气象部门规定的降水量标准，将雨分为小雨、中雨、大雨、暴雨、大暴雨和特大暴雨六种。我国暴雨强度最大、雨量最多的地方是台湾省。

小资料

考考你

1.（　）不是雷雨形成的条件。
A 地面温度高　　B 大气湿度大
C 天空中有太阳
2.雷雨前会感到闷热的原因是（　）。
A 大气温度高、水汽多　　B 气温很高
C 天气潮湿

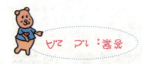

答案：1.C　2.A

16 为什么夏天会出现雷阵雨？

夏季经常会出现这样的天气，本来烈日炎炎，转眼间却狂风大作、雷雨交加，这就是雷阵雨天气。雷阵雨天气轻则可以飞沙走石，重则拔树倒屋。那么，雷阵雨是怎么形成的呢？

雷阵雨的发生需要有强对流的雷雨云系。

夏季，由于气温高，蒸发量大，含有大量水汽的热空气不断上升，随着海拔高度的增加，温度会逐渐下降（每上升 100 米，气温降低 0.6℃），空气也就渐渐变冷。这时，空气中的一部分水汽凝结成小水滴，天空就

会起云。随着含有大量水汽的热空气的不断增加，云就越堆越大，越堆越高。这样的云，在气象上叫积雨云，其云底离地面约 1000 米。

云中水滴合并增

地理奥秘一点通

大，直到上升热气流托不住了，就从云中直掉下来。下层的热气流被雨淋后，骤然变冷，不再上冲，转而向地面扑下来。此时，空中的电荷开始放电，并伴随着轰隆隆的雷声。于是，雷阵雨就发生了。

为什么会打雷？

夏季，天空中大块的积雨云受到地面热气流的冲击，产生了强大的电荷。当两种带不同电荷的云接近时，便互相吸引而出现闪电。在闪电的冲击下，周围的大气和水汽剧烈膨胀从而产生了"轰轰"的雷鸣声。

小资料

考考你

1.雷阵雨常发生在（　　）。
A 春季　B 夏季　C 冬季
2.含有水汽的空气在上升过程中会（　　）。
A 变冷凝结成水滴　　B 什么也不变
C 变热发出雷声

答案：1.B 2.A

17 为什么雷雨时先看到闪电后听到雷声？

夏天雷雨天气时常常先看见闪电，后听见雷声，这是什么原因呢？

首先让我们了解一下雷电的形成过程。天空中的雷雨云（主要是积雨云）在形成过程中，由于大气电场以及温差起电效应、破碎起电效应的同时作用下，正负电荷分别在云的不同部位积聚。当电荷积聚到一定程度，由于所带的电荷性质相反，就会在云与云之间或云与地之间产生瞬间剧烈放电的现象。在这放电过程中，往往伴随着强烈耀眼的闪光和震耳欲聋的轰响。所以，在

033

地理奥秘一点通

空中，闪电和雷声是同时发生的。由于闪电的传播速度是每秒 30 万千米，而雷声是每秒 340 米，闪电传播的速度要比雷声快得多，雷声总是落在闪电后面。因此，我们总是先看见闪电，后听见雷声。

闪电的能量

闪电虽然只有几十厘米宽，但它是一个巨大的放电过程，一次闪电电击的能量是 300 万兆瓦，它可以将局部的空气加热到 30000℃。

小资料

考考你

1. 雷雨时先看到闪电、后听到雷声的原因是（　　）。
A 眼睛长在耳朵的前面　　B 闪电跑得快
C 闪电先发生
2. 雷声产生是因为（　　）。
A 雷公在打鼓　　B 天上发地震　　C 云层放电

答案：1.C 2.C

18 为什么雷容易击中高耸孤立的物体？

我们知道，在高大的建筑物，如高耸的烟囱、摩天大楼等上面装上避雷针，可以避免遭受雷击。可是，为什么雷容易击中高耸孤立的物体呢？

由于雷雨云的云底部带电，能使地面发生感应，并使地面产生与云底电性不同的电荷，这称为感应电荷。这种感应电荷在小范围的地面上是同一性质的，由于同种性质的电荷是相互排斥的，这种排斥

035

力造成的沿地面方向的分力，在弯曲得厉害的地方比平坦一些的地方小，于是电荷就会移动到弯曲得厉害的地方去，所以在弯曲得厉害的地面上，感应电荷就多一些。高耸的物体，作为地面的组成部分，成为地面上最弯曲的一部分，当地面受到雷雨云的感应产生感应电荷时，在高耸的物体上就集聚了较多的电荷，对闪电的引力大，很容易把闪电拉过来。

所以，大雷雨天气时，不要在大树、电线杆等高耸物体下躲雨，否则有可能遭到雷击。

雷电天气的自我保护

我们遇到雷电天气时一定要注意保护自己，远离危险。如果在室内，要避免使用电话等连接外界管线的物品；如果在室外，要远离孤立、高耸的物体；在旷野中要尽量蹲在地上，降低高度且使身体少接触地面。如果被雷击中，正确的人工呼吸可以拯救生命。

小资料

考考你

1. 雷雨天气时，在（　　）最危险。
A 家中　B 山洞里　C 大树下
2. 关于电荷的正确描述是（　　）。
A 同种电荷相互排斥　B 异种电荷相互排斥
C 同种电荷相互吸引

答案：1.C 2.A

19　魔鬼谷为什么多雷雨？

在青海省西部昆仑山脉与新疆阿尔金山脉交界的山区，有一个神秘的魔鬼山谷。它东起青海茫崖的布伦台，西至新疆若羌的沙山，长约百余千米，宽约 2~30 千米，谷地海拔约 3200 米。

这个狭长的谷地气候湿润，加上冰川遍布，湖泊沼泽众多，所以林木茂密，牧草葱绿，是理想的高山牧场。但是，这里的高山天气多变。天气晴朗时，风和日丽，春意盎然；天气骤变时，乌云密布，雷电交加。刹那间，原本妖媚的山谷，就会变成恐怖的地狱，漫山遍野留下了无数遭雷击的焦木残树和牛羊的尸体，因而被人们称为"魔鬼谷"。

我国地质科学工作者经过地质勘查，初步揭开了魔鬼谷神秘的面纱。原来，魔鬼谷是个雷击区。这里的地

037

地理奥秘一点通

层主要由强磁性玄武岩体构成，还有几千个铁矿脉及石英岩体。这些岩体和铁矿带的电磁效应，引来了雷电云层中的电荷，因而产生了空中放电，形成了炸雷。雷电一旦触到地面凸出的物体，就会产生尖端放电的现象，因而牧场上的人与羊群就成了雷电轰击的目标，这就是魔鬼谷的神秘所在。

电磁效应

电生磁指电流通过导线时，导线的周围产生磁场的现象。如果把导线做成螺旋线管的形状，电流通过时产生的磁场与一根磁铁产生的磁场相似。而磁生电是指在磁场中也能产生一种被称为"感应电流"的电流，就是发电机的原理。这就是电磁效应。

小资料

考考你

原来魔鬼谷是个（　　）。
A 雷击区　B 地震区　C 蝗虫区

答案：A

20 为什么说"瑞雪兆丰年"？

"瑞雪兆丰年"是我国广泛流传的一句谚语，意思是说冬天下几场大雪是来年庄稼获得丰收的预兆。

冬季天气冷，下的雪往往不易融化，盖在土壤上的雪比较松软，雪花和雪花之间留有空隙，空隙中充满空气，加上不容易散热，这样就像给庄稼盖了一条棉被，外面天气再冷，下面的温度也不会降得很低。等到冷空气过去以后，天气渐

地理奥秘一点通

渐回暖，雪才慢慢融化，这样既保住了庄稼不受冻害，而且雪融化的水留在土壤里，给庄稼积蓄了很多水分，对春耕播种以及庄稼的生长都很有利。

另外，下雪还能冻死害虫，由于雪在融化时要从土壤中吸收许多热量，这时土壤会突然变得非常寒冷，温度降低许多，土里的害虫就会冻死。所以说，冬季下几场大雪是来年丰收的预兆。

下雪不冷化雪冷

北方冬季下雪的时候，云层中的水汽凝结成冰晶，释放出热量，所以我们并不会感到特别冷。而在化雪的时候，积雪要吸收走太阳光和空气中的一部分热量，人们就会感觉天气更冷一些了。

小资料

040

考考你

1. 在寒冷的冬天，雪对庄稼有（ ）作用。

A 保温　B 降温　C 防晒

2. 雪在融化时会吸收热量，冻死（ ）。

A 庄稼　B 害虫　C 小动物

答案：1.A 2.B

21 高山上的积雪为何终年不化？

大家都知道，我国著名的喜马拉雅山，山上白雪皑皑，银装素裹，十分壮观。其实世界上还有许多高山和喜马拉雅山一样，积雪终年不化。这究竟是为什么呢？

原来，在地球上，从地面算起，每上升 100 米，气温就下降 0.6℃，山越高，气温就越低。到了一定的高度，气温就降至 0℃ 以下，这个界限就称为雪线。超过雪线，山上的冰雪就终年不化了。尽管夏天强烈的阳光会使表面冰雪融化一些，但到夜间温度下降，水和雪就冻在一起，而且不时会有雪花落在冰峰上，日积月累，冰雪融了又冻，永远不会消失。雪线以上冰雪的不断融冻，最终形成了冰川冰。晶莹的高山冰雪就

地理奥秘一点通

像一面大镜子,有很强的反射力,绝大部分的阳光和热量都被它反射掉了,所以冰川冰的温度始终很低,这就是为什么高山上的冰雪会终年不化的原因了。

喜马拉雅山

喜马拉雅山位于我国和尼泊尔、印度、不丹、锡金等国的交界处,在藏语中的意思为"冰雪之乡",被称为"世界第三极"。它的主峰珠穆朗玛峰,是世界第一高峰,在藏语中意为"女神",自古以来就被藏族同胞看作崇高的"女神"。

小资料

考考你

1. 在地球上,山越高,温度(   )。
A 越低   B 越高   C 不变
2. (   )是山峰冰雪终年不化的原因。
A 山很高   B 山不陡峭   C 山很陡峭

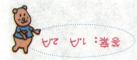
答案:1.A 2.A

22 五彩湖为什么有五种颜色?

五彩湖位于西藏北部无人居住的山间小平原上。在阳光照耀下,湖水闪现出白、黄、红、绿、蓝五种色彩,传说是天上的五位仙女幻作一泓神秘的湖泊永远留在人间。五彩湖中的各种色彩层次分明,各居一方。为什么同一个湖泊里会出现五种不同的颜色呢?

原来,青藏高原本是大海的一部分,随着地壳变动,海底成了陆地。五彩湖所处的地势低洼,因而形成湖泊。当时青藏高原的气候湿热,因而形成了红色土,较浅的湖水被红土映照成红色。到第四纪冰川来临时,强劲的北风吹来了黄土,它们沉积于红土之上的湖岸,因而湖水在黄土的

043

映照下，形成黄色。以后青藏高原地势继续抬升，气候变干，长期干旱和湖水的强烈蒸发，在湖岸边又形成了白色的石膏层，湖水在石膏层的映照下显现白色。在湖水较深的地方，由于阳光的散射又形成绿色和蓝色，因而湖中五彩纷呈，十分奇特。

新生代的第四纪

新生代的第四纪，是地质上的一个时期，大约出现在距今 200 万年以前。当时的气候非常寒冷，欧洲和美洲的北部都被冰川覆盖，即使在赤道非洲的许多高山上，也都有规模很大的冰川活动。这一时期是距今最近的一次冰川期，也称为冰河时代。

1.五彩湖位于（　　）。

A 四川　B 西藏　C 甘肃

2. 五彩湖的五种颜色分别是（　　）。

A 白、黄、红、绿、蓝　B 红、橙、黄、蓝、紫

C 黑、黄、红、绿、紫

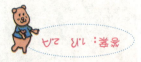

答案：1.B 2.A

23 青海湖是怎样形成的？

我国最大的内陆咸水湖是青海湖。它是国际重要湿地，作为青藏高原的重要组成部分，一直为人们所瞩目。

在青藏高原由海洋隆起为陆地时，部分海水被四周的高山环绕起来，形成许多湖泊。青海湖就是

其中一个巨大的湖泊，湖水从东面注入黄河。大约距今 100 万年前，青海湖东面的日月山发生了强烈的隆起，拦截了青海湖的出口，使它成了闭塞湖。

045

青海湖是一具富有神奇色彩的游览地，也是一个为全世界科学家所注目的巨大宝湖。政府曾对青海湖进行了多次综合考察，发现青海湖里有丰富的矿产资源。湖中盛产湟鱼，是我国西北地区最大的天然鱼库。四五月间，鱼群游向附近河流产卵，布哈河口密密麻麻的鱼群铺盖水面，使湖水呈现出黄色，鱼儿游动有声，翻腾跳跃，异常壮观。

青海湖鸟岛

青海湖最诱人的奇观是驰名中外的鸟岛。它在湖的西北部，面积仅 0.8 平方千米，每年五六月份是观光鸟儿王国盛况的最好时期。来自我国南方和东南亚等地的多种候鸟，春天后成群结队返回故乡，栖息在这个小岛上，最多可达 10 万只以上。

小资料

考考你

1. 我国最大的内陆咸水湖是（　），它是国际重要湿地。

　A 鄱阳湖　B 青海湖　C 西湖

2. （　）由海岸隆起陆地，形成许多湖泊，其中一个巨大的湖泊是青海湖。

　A 四川盆地　B 青藏高原　C 华北平原

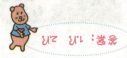
答案：1.B　2.B

24 日月潭的名字是怎么来的?

我们经常说日月潭是台湾最美的地方，但是日月潭的名字是怎么来的呢?

日月潭是台湾唯一的天然湖，是台湾岛最著名的风景区。它位于西部的南投县，是台湾省唯一的天然湖泊，卧伏在玉山和阿里山之间的山头上。

日月潭四周青山环抱，美景如画。日月潭本来是两个单独的湖泊，后来因为发电需要，在下游筑坝，水位上升，两湖就连为一体了。远远望去，潭中美丽的小岛像玉盘中托着的一颗珠子，故名珠仔岛，现在叫光华岛。珠仔岛把湖面分为南北两半：东北面的形状好像圆日，故叫日潭；西南边的如同一弯新

地理奥秘一点通

月，故称月潭。台湾八景之一的"双潭秋月"就是由此而来。

日月潭周长 35 千米，面积 7.7 平方千米，水深二三十米。水面比杭州西湖略大，水深却超过西湖十多倍。这里四季气候宜人，冬天平均气温在 15℃以上，夏季 7 月份只有 22℃左右，是避暑胜地。

中国第一大岛

台湾岛是中国第一大岛，自古以来的战略要地。它位于东海南部，西依台湾海峡，东濒太平洋；东北与日本琉球群岛为邻，南隔巴士海峡与菲律宾相望。岛上多山，山地和丘陵占全岛面积的三分之二。

考考你

1. 日月潭周长（　）千米，面积 7.7 平方千米，水深二三十米。

A 28　B 26　C 35

2. 日月潭中有座美丽的小岛原名叫（　）。

A 珠仔岛　B 雷州半岛　C 海南岛

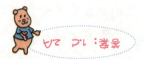

答案：1. C　2. A

25 为什么钱塘潮特别壮观?

钱塘潮,又叫"海宁潮",以每年农历八月十八在浙江海宁的钱塘江边所见到的海潮最为壮观。涌潮袭来时,潮头高度可达3.5米,潮差可达8.9米,气势磅礴,十分壮观。

钱塘江海潮的形成和涌潮的壮观景象与杭州湾得天独厚的地理环境有关。杭州湾位于亚洲大陆东部边缘,形如喇叭口,外宽里窄,面向辽阔的太平洋水域,潮水由东向西推赶。每逢潮来,大量海水一涌而进,越往里越拥挤,促使水位很快被抬高,并在滩高水浅的地方激起一堵水墙。这种壮观景象,在中秋时节更加显著。因为这时东南季风盛行,风助潮势,

潮借风威,滚滚江水与潮头顶撞,更加激起潮涌。从天文因素上说,每逢初一、十五的时候,受太

049

阳和月球的引力影响,形成大潮,因此有"初一、十五涨大潮"的说法。就这样,众多天文和地理因素相互配合,共同制造了闻名中外的钱塘怒潮。

季风

　　季风是大范围盛行的、风向随季节变化的风系,它的形成是由冬夏季海洋和陆地温度差异所致。季风在夏季由海洋吹向大陆,在冬季由大陆吹向海洋。季风活动范围很广,它影响着地球上1/4的面积和1/2人口的生活。

小资料

考考你

1.最壮观的钱塘江海潮发生在农历(　　)。
A 八月初一　B 八月十五　C 八月十八
2.(　　)不是钱塘江海潮壮观的原因。
A 杭州湾的形状　B 月球的引力
C 季节的变化

答案:1.C　2.C

26 湖水为什么有的咸、有的淡?

在地球陆地上，分布着许许多多大大小小的湖泊，这些湖泊多为淡水湖，但也有的湖水是咸的。

大多数湖泊的水，都是由河水流入的。在流动的过程中，河水把所经过地区的土壤和岩石里的一些盐分溶解了，当河水流入湖泊时，就把盐分带给了湖泊。

如果湖水能从另外的出口继续流出，盐分就会跟着流出去，如北美的五大湖和我国的洞庭湖，最终都流入了大海，所以它们都是淡水湖。

假如有些湖泊排水非常不便，而且气候干燥，蒸发消耗了很多水分，盐分便会越积越多，湖水也就越来越咸，成为咸水湖。在荒漠和

地理奥秘一点通

草原地带，因为降水稀少，蒸发强烈，排水不畅，咸水湖往往分布较多，如世界著名的大咸水湖——死海。但也有人认为，在地质时期，咸水湖原是海的一部分，海水退了以后，有一部分海水遗留在低洼地方，成为现在的湖，所以湖水保留了很多盐分。

中国的淡水湖和咸水湖

我国最大的淡水湖是鄱阳湖，位于江西省北部，长江中游的南岸。它南北长 170 千米，东西最宽处达 70 千米，面积为 3583 平方千米。我国最大的咸水湖为青海湖，位于青藏高原东北部祁连山脚下。湖面海拔 3196 米，形状近似菱形。

小资料

考考你

1. 地球上的湖泊中，淡水湖和咸水湖比较，（   ）。

A 淡水湖多 B 咸水湖多   C 一样多

2.（   ）是咸水湖。

A 西湖 B 洞庭湖 C 死海

答案：1.A 2.C

27　世界上最大的淡水湖群在什么地方？

世界上最大的淡水湖群位于北美大陆的美国和加拿大之间，这个湖群包括五个大湖，它们像亲兄弟一般手拉手连在一起，构成五大湖区。

按面积排列：最大的是苏必利尔湖，占了五大湖储水量的一

半以上，面积比世界第二大淡水湖维多利亚湖大得多。其次是休伦湖，第三是密歇根湖，第四是伊利湖，最小的是安大略湖。其中除密歇根湖为美国独有外，其他都是美国、加拿大两国共有。

五大湖是世界上最大的淡水湖群，因此人们用"淡水的海洋"、

地理奥秘一点通

"北美大陆的地中海"来形容它们的水量之大。五大湖总面积达 24.2 万平方千米，大约相当于一个英国。五大湖流域约为 766100 平方千米，南北延伸近 1110 千米，从苏必利尔湖西端至安大略湖东端长约 1400 千米。湖水大致从西向东流，注入大西洋。除密歇根湖和休伦湖水平面相等外，各湖水面高度依次下降。

中国四大淡水湖

我国第一大淡水湖是江西北部的鄱阳湖，面积 3583 平方千米；第二大淡水湖是湖南北部的洞庭湖，面积 2820 平方千米，是全国重要的商品粮基地之一；第三大淡水湖为江苏南部的太湖，面积 2425 平方千米；第四大淡水湖为安徽中部的巢湖，面积 820 平方千米。

小资料

考考你

1. 世界上最大的淡水湖群位于在北美大陆的美国和（　）之间。

　　A 墨西哥　　B 智利　　C 加拿大

2. 五大湖总面积达 24.2 万平方千米，大约相当于一个（　）。

　　A 意大利　　B 法国　　C 英国

答案：1C 2C

28 沸湖是什么样的湖？

沸湖位于加勒比海列斯群岛的多米尼加岛上，藏身于岛南部火山区的山谷中。湖长不过 90 米，但是又陡又深，离岸不远处，湖水已深达 90 米。

沸湖是由一眼间歇泉形成的。在湖底有一个圆形喷孔，当喷泉停歇时期，湖

水因缺乏水量补给而干枯。然而一旦喷发，则地动山摇、群山轰鸣，热流从湖底涌出，湖面烟雾缭绕，热气腾腾，有时还会形成高达两三米的水柱，冲天而起，蔚为壮观，"沸湖"也由此得名。

沸湖的这些热水

055

地理奥秘一点通

是从哪里来的呢？原来，沸湖坐落在一个古火山口上，当在地球深处的带有大量矿物质和含硫气体的炽热熔岩水，在上升时遇到古火山口通道，就会猛烈地向地表喷出，结果就形成了这个大自然的奇观。

由于沸湖周围地区长期受含硫气体及其他一些有害气体的影响，动植物的生长繁殖受到很大影响，大片植被被毁，景色荒凉，所以被称为"荒谷"。

沸湖间歇泉的奇观常常令游人惊叹不已，它和特立尼达岛上的沥青湖被并称为加勒比海地区的两大奇迹，吸引着世界各地的科学家和游客前去考察和观赏。

沥青湖

沥青湖是南美洲特立尼达和多巴哥岛国的一个小湖，学名叫"拉布里亚沥青湖"，它的"湖水"是一种粘稠度很大的天然沥青矿，呈暗灰色。沥青湖面积约40公顷，深90米，蕴藏着1200万吨天然沥青。

考考你

沸湖是由一眼（　　）形成的。
A 冰川　B 间歇泉　C 瀑布

答案：B

29 罗布泊湖为什么死而复生？

位于塔里木盆地东部的罗布泊，是一个典型的内流湖。在地质历史时期，由于受气候变化的影响，它曾几度死而复生。

罗布泊最初形成于上新世，当时气候湿热，雨水充沛。但到了上新世晚期，气候转向干热，罗布泊第一次干枯消失。等到早更新世，气候转为温凉多水，周围山地也继续上升，罗布泊死而复生，面积达到 2 万平方千米。从晚更新世晚期到全新世初期，气候又趋干燥，罗布泊第二次干枯消失。中全新世是一个多水期，罗布泊再度充水成湖。

进入人类历史时期，罗布泊仍有"广袤三百里"之说。在汉

代，罗布泊周围水草丰盛，农牧业兴旺发达，楼兰古国位于湖泊的西部。后来，由于气候变化，湖泊逐渐退缩，繁荣昌盛的楼兰古国也因缺水及其他原因成为一片废墟。新中国成立后，由于塔里木河与孔雀河流域的农牧业不断发展，两河几乎全被拦截耗尽。因此，到了 1964 年，罗布泊由于水量不足，第三次彻底干枯了。此时，我们不仅要问，罗布泊湖还能死而复生吗？科学家告诉我们，那要看人类对它的影响了。

上新世、更新世、全新世

　　地质年代上将地球的生命划分为古生代、中生代和新生代。新生代则划分为第三纪和第四纪。上新世是第三纪最新的一个世；更新世是第四纪的第一个世；而全新世是第四纪的第二个世。地质时代的最新阶段，开始于 12000～10000 年前持续至今。

小资料

考考你

　　位于塔里木盆地东部的（　　），是一个典型的内流湖。

　　A 罗布泊　B 塔克拉玛干　C 柴达木

答案：A

30 为什么有些泉水是热的?

我国的许多地方都有温泉。陕西西安的骊山脚下,有个著名的华清池,泉水中含有多种矿物质,水温达到43℃,很适合沐浴疗养,是唐朝时唐明皇杨贵妃的沐浴之所。

我国雅鲁藏布江的一些河流中有温泉,有时候热水翻滚,会将河中的鱼烫死。

这些泉水之所以是热的,主要是由于来自地壳深处的热量造成的。地壳深处的热量通过火山爆发以及岩浆运动,

地理奥秘一点通

沿岩层的断裂带向上运动和扩散，而降水、地表水和地下水沿着地层中的裂缝以及断裂带向下渗漏，热量就被传输给水，渗得越深，水温就越高，这样就形成了地下热水，这种地下热水流出地表，就成了温泉。一些温泉甚至还会出现喷泉现象，这是因为有的泉水下部接近热源，由于通道狭小，底部的水温度高而难以发生对流，于是压力增大就将上面的水顶出地面，形成喷泉。

温泉产生的条件

（一）地下必须有热水存在；

（二）必须要有上升的热水与下沉的较迟受热的冷水产生的对流，导致热水上涌；

（三）岩石中必须有深长的裂缝或空隙供热水通达地面。

小资料

考考你

1.唐明皇杨贵妃沐浴的温泉叫（　　）。

A虎跑泉　B趵突泉　C华清池

2.温泉水的热量是（　　）。

A岩浆传导的　B太阳晒热的　C人们烧热的

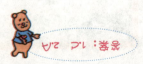

答案：1.C 2.A

31 为什么有的泉水能治病？

有的泉水能够治疗某些疾病，这已经得到了证实。但是，泉水不是药物，怎么会有这么神奇的本领呢？

原来，由于地下含有许多种矿物质，地下水在地下流动时，溶解了它所流经地区的可溶矿物质，而泉水恰恰就是从地下涌出地面的地下水，所以泉水里含有不同的矿物成分。我们把含有大量矿物质的泉水，叫做矿泉。矿泉里不仅含有矿物质，还含有气体。这就是有的泉水可以治疗某些疾病的原因。

我国内蒙古呼伦贝尔盟有一处泉水，它含有较多的二氧化碳和铁质，这就是它能够治好胃病等某些疾病的主要原因。出产石油的地区，矿泉水里含有比较多

的硫化氢，这种矿泉水能辅助治疗心脏病和风湿病。

　　但相比之下，温泉具有更高的医疗效用，因为温泉里不仅含有矿物质，而且还有热力。人们常用温泉来洗澡，可以治好皮肤病和风湿病。

人体中的矿物质

　　矿物质是人体内无机物的总称，是地壳中自然存在的化合物或天然元素。人体内约有 50 多种矿物质，它们是人体必需的组成部分，如钙、磷、钾、钠、氯等是需要量较多的元素，铁、锌、铜、锰、钴、钼、硒、碘、铬等是需要量少的微量元素。

小资料

考考你

1. 有的泉水能治病的原因是（　　）。
A 含有有益的矿物质　　B 里面有药物
C 被神仙施了法术
2. 能治疗胃病的泉水里含有（　　）。
A 硫化氢　　B 碳酸氢钙　　C 二氧化碳和铁质

答案：1.A 2.B

32 有些泉水为什么会 喷喷停停？

在自然界，有许多喷泉，其中有一些可以喷出高达数十米的热水柱和蒸气柱，而且总是每隔一定的时间喷出一次，所以称为间歇喷泉。每个喷泉

隔多长时间喷一次，大体有一定的规律，有的间歇几分钟，也有长达几天的，甚至有几个月才喷一次的。

喷泉的泉水来自地下，蒸气的压力迫使它从地下喷出。这些喷泉都是热的，它们在地下受岩浆加热，温度逐渐升高。如果涌出地面的通道又长又狭窄，下面的水不易和上面较凉的水对流，温度就会达到

地理奥秘一点通

100℃以上，形成蒸气。当地下蒸气愈聚愈多，力量愈来愈大，到了足以使堵塞通道的水喷起来的时候，喷泉就出现了。

那么为什么一会儿喷，一会儿不喷了呢？这是因为当喷泉一次喷出以后，大量的蒸气同时逃逸了出来，这时原来聚集在地下的蒸气一下子减少了许多，于是又重新平静下来，水依然堵塞了泉水涌出的通道；等到蒸气又聚集得很多时，就再一次喷出来。这就是喷泉为什么喷一下就要歇一会儿的秘密。

064

世界著名喷泉

世界上最有名的间歇喷泉在美国的黄石公园。在我国西藏雅鲁藏布江河谷一带，以及冰岛、勘察加半岛、新几内亚北部和新西兰等国家和地区，也都有世界著名的喷泉。

1. 喷泉的泉水都来自（　　）。
A 地下　　B 地上　　C 不清楚
2. 当地下蒸气愈聚愈多，力量愈来愈（　　）。
A 小　　B 大　　C 不变

答案：1.A 2.B

33 为什么在大河入海处有三角洲？

仔细观察世界地图我们会发现，在世界各大河的入海处，大都有一个三角洲，如埃及尼罗河（世界第二大河）入海处，就有一个巨大的三角洲，面积达 24000 平方千米；我国的长江（世界第三大河）、黄河（世界第五大河）以及珠江入海处，也都有面积很大的三角洲。

这些三角洲是河口地区的冲积平原，是河流入海时所夹带的泥沙沉积而成的。世界上每年约有 160 亿立方米的泥沙被河流搬入海中。这些混在河水里的泥沙从上游流到下游时，由于河床逐渐扩大，在河流注入大海时，水速减慢，再加上潮

065

地理奥秘一点通

水不时涌入，有阻滞河水的作用，于是，泥沙就在河口处越积越多，最后露出水面。这时，河流只能绕过沙堆从两边流过去。由于沙堆的迎水面不断受到流水的侵蚀，往往形成尖端状，而向着海水的一面却比较宽大，使沙堆成为一个三角形，人们就给它们命名为三角洲。

中国第一大河

长江是我国第一大河，发源于青藏高原唐古拉山脉，流经 10 个省、自治区和直辖市，注入东海，全长 6390 千米。浩瀚的长江与古老的黄河一起，共同滋养了我们中华民族的悠久文明。

1. 河口三角洲是（ ）而形成的。
A 河流携带泥沙冲积　　B 从海底升起的
C 从陆地分离的
2. 世界上每年有（ ）的泥沙会被带入大海。
A 24000 立方米　　B 160 亿立方米
C 10 亿立方米

答案：1.A 2.B

34　露水是怎样形成的？

　　春秋季节的早晨，在田间野外，我们会发现树叶、草丛上有许多晶莹的小水珠，这就是露水。

　　露水四季都有，尤其秋天特别多。晴朗无云的夜间，地面热量散失很快，气温也会随着迅速下降。温度降低，空气所含水汽就附在草上、树叶上等，凝成细小的水珠，形成露水。

　　露水需在大气较稳定、风小、天空晴朗少云、地面热量散失快的天气条件下才能形成。如果夜间天空有云，地面就像盖上了一条棉被，热量碰到云层后，一部分折回大地，另一部分则被云层吸收，被云层吸收的这部分热量，以后又会慢慢地放射到地面，使地面的气温不容易下

地理奥秘一点通

降，露水就很难出现；如果夜间风比较大，风使上下空气交流，增加地面空气的温度，使水汽扩散，露水也很难形成。

　　露水对农作物很有好处，露水像雨一样，能滋润土壤，起到帮助植物生长的作用。

有露水时天会晴

　　在晴朗无云的夜间，地面散热很快，空气中含水汽的能力减弱，水汽就纷纷附到植物上，形成了露水。而多云的夜晚，地面热量不易散发，气温不下降，蓄含的水汽也就不容易凝结成露水了。

1.露水最多的季节是（　）。

A春季　　B夏季　　C秋季

2.（　）不是露水产生需要的条件。

A晴朗　　B大风　　C少云

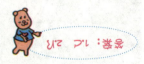

答案：1.C　2.B

35　河水为何有甜有酸？

希腊半岛北部，有一条奥尔马加河，它全长仅 80 千米，令人奇特的是它的河水是甜的，其甜味可与蔗糖水媲美，当地人称它为"甜河"。

在哥伦比亚东部普莱斯火山地区有一条名叫雷欧维拉的河，河水中含有 8% 的硫酸和 5% 的盐酸，人们称它为"酸河"。

原来河水在流动过程中会溶解土壤或岩石中的物质，并携带着一起流动。奥尔马加河的河床土层中含有大量的原糖结晶体，这些晶体溶解在水中，形成了甜水。当地居民不仅美滋滋地饮用甜水，还用它灌溉农田而获得好收成。

雷欧维拉河流经的是火山地区。火山地区的河床岩层及土壤

地理奥秘一点通

中含有硫酸、盐酸等物质，因此使河水变酸。这种变酸的河水不仅不能饮用，连鱼虾、植物也不能在水中生长。人如果用这种水洗手，皮肤便会溃烂。如果用这种水浇灌农田，庄稼当然也就会枯黄。可见，酸水危害很大。

世界十大长河

世界十大长河依次为非洲的尼罗河，南美洲的亚马孙河，中国的长江，美国的密西西比－密苏里河，中国的黄河，跨俄罗斯、哈萨克斯坦的鄂毕－额尔齐斯河，跨中缅越泰的澜沧江－湄公河，非洲中部的刚果河，俄罗斯的勒拿河，以及中俄边境的黑龙江。

小资料

考考你

河水在流动过程中会（　　）土壤或岩石中的物质，并携带着一起流动。

A 溶解　B 腐蚀　C 消化

答案：A

36 为什么河流总是弯弯曲曲的？

我们看到的河流，总是弯弯曲曲地从高处往低处流动，只不过弯曲的程度不同。那么，为什么河流总是弯弯曲曲的呢？

原因是多方面的。首先，因为江河两岸

的土壤结构不可能完全一样，土壤内部所含的盐碱等化学成分及其数量也不会完全相同，所以当这些物质溶于水后，不同程度地改变了两岸土壤承受水冲击力的能力。其次，

地理奥秘一点通

由于地球自转的方向是自西向东，所以地球的自转作用也会改变河流的直线方向，它会使北半球的河流冲洗右岸比左岸厉害些，而南半球的河流则刚好相反。

河流两岸水流的速度也会快慢不一，流速快的那一边容易被侵蚀，形成凹陷的岸，而另外一边因为流速慢泥沙也容易沉积，形成凸出的岸。时间久了以后，凸出的岸就越来越突出，凹陷的一边就越来越凹，于是河流就变得曲折了。

中华民族的母亲河

黄河是中国第二大河流，它发源于青藏高原，流经青海、四川、甘肃、宁夏、内蒙古、陕西、山西、河南、山东9个省区。黄河水利资源丰富，流域内地下矿藏众多，各族人民世世代代在这里辛勤劳动，创造了光辉灿烂的华夏文明，成为中华民族的摇篮。

1.河流的弯曲跟（ ）无关。
A 地球的自转　　B 两岸的土质
C 河水的颜色
2.在南半球,河流对（ ）冲洗得更厉害一些。
A 左岸　　B 右岸　　C 两岸都

答案:1.C 2.A

37 为什么河流中会有漩涡？

不管是大河还是小河，我们都能发现在流动的河水中会有一些大大小小的漩涡。这是什么原因呢？

河流都是蜿蜒着前进的，河流中出现漩涡，大都是在水流的速度和方向突然发生变化的地方。在河流急转弯的地方，由于水流仍然保持着直线的流动方向，而河岸却强迫水流转弯，这时候内侧的水流由于受到外侧的压力被

地理奥秘一点通

挤回的时候，一部分水流会回来填补脱水的地方，就形成了漩涡。另外，在桥桩附近或冒出水面的大石块等障碍物的附近，也会出现漩涡。因为在水流被这些障碍物挡住以后，它会绕过障碍物流过去，而障碍物背面的河水流动较慢，所以绕过障碍的水流就会冲击这些妨碍它畅流的河水，而打起转来，形成漩涡。

世界最长的运河

京杭大运河北起北京，南达杭州，纵贯京津两市，流经河北、山东、江苏、浙江四省，沟通海河、黄河、淮河、长江、钱塘江五大水系，全长1794千米，为苏伊士运河长度的十倍，是世界上最长的运河，而且也是世界上开凿最早、工程最浩大的运河。

考考你

1. 河流中有漩涡和（　）有关。
A 河流的弯曲　　B 河流的颜色
C 河流的长短
2. 当河水遇到障碍物时，会在（　）出现漩涡。
A 障碍物的正面　　B 障碍物的背面
C 障碍物的两侧

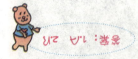

答案：1.A　2.B

38   亚马孙河为什么被称为 "世界河流之王"？

亚马孙河是南美第一大河、世界第二长河，也是世界上流域面积和流量最大的河流。亚马孙河发源于秘鲁南部安第斯山脉，一路向东，沿途接纳了 1000 多条支

流，全长 6400 千米，最终注入大西洋，比我国的长江还长 83 千米。亚马孙河流域面积 705 万平方千米，是长江流域面积的 4 倍，约占南美大陆总面积的 40%；每年注入大西洋的水量约 6600 立方千米，相当于世界河流注入海洋总水量的 1/6。它流经的地

方大多都是赤道雨林带，所以流量特别大，居世界首位。因而，亚马孙河被人们称为"世界河流之王"。

相传亚马孙族是古希腊神话中的一族骁勇善骑的女勇士。她们常被描述成手持盾牌，用长矛和弓箭武装起来的骑士。1542 年，西班牙探险家弗朗西斯科首次航行于流经秘鲁和巴西的一条巨河，生活在那里的印第安勇士的模样使他联想到亚马孙族的女勇士，于是便将此河命名为亚马孙。

世界第一长河

尼罗河发源于东非高原的布隆迪高地，全长6671 千米，是世界第一长河。尼罗河干、支流流经卢旺达、布隆迪、坦桑尼亚、肯尼亚、乌干达、扎伊尔、苏丹、埃塞俄比亚和埃及9国，最终注入地中海。它对沿河各国的经济生活具有重要影响，被视为两岸文明的生命线。

小资料

考考你

亚马孙河流域面积高达 705 万平方千米，是（　　）流域面积的 4 倍。
　A 长江　　B 黄河　　C 尼罗河

答案：A

39 为什么怒江的水 特别湍急?

怒江是我国云南西北部一条有名的大河。从字面上看，取名为"怒"，可以猜想它一定是水流湍急、性格狂暴了，事实也的确如此。

距今两三千万年以前，我国云南西部、

青藏高原东部的广大地区，地壳发生了强烈的南北向断裂，形成了一系列南北走向的横断山脉，地势北高南低，有利于河流的发育，包括怒江在内的许多河流便在这时形成

地理奥秘一点通

了。以后地壳又经过强烈的上升，但是怒江却没有随地壳升高，河床深深地陷在陡峭的峡谷里，它以一泻千里、势不可当的气势奔流而下。由于怒江的源头与尾部高度相差几千米，因而河床落差很大，水流特别湍急。

另外，怒江的地理位置靠近印度洋，从印度洋吹来的暖湿气流，受到怒江周围山脉的阻挡，生成降雨云系，降下大量雨水，年降水量可达1000毫米以上。大量的雨水增加了河水的流量，使得水势更加汹涌澎湃，像发怒的雄狮，因此把它叫做"怒江"。

怒江流域

怒江是我国西南主要国际河流之一，发源于唐古拉山南麓，流经西藏、云南（怒江在中国境内的河段长1540千米，它在云南境内流经怒江傈僳自治州，保山地区，临沧地区和德宏傣族景颇族自治州。）两省区，进入缅甸、泰国后称萨尔温江。

（　　）是我国云南西北部一条有名的大河。
A 怒江　B 长江　C 黄河

答案：A

40 长江三峡为什么特别险峻？

　　长江三峡两岸山峰兀立，江底到山顶落差 700~800 米，且山体紧逼长江两岸，江面最狭处仅 100 米宽。那儿矗立的峭壁紧夹江水，江水在窄道中湍急而过，形成一个紧接一个的漩涡。

　　在一亿多年前，四川盆地还是茫茫大海。后来由于地壳上升，四川盆地变成了一个较大的湖泊。随着地壳的继续上升，到了几千万年前，盆地中的河水冲出东部高地向东流入大海，东部高

地理奥秘一点通

地所在地就是今天的三峡。河中湍急的水流携带的泥沙，不断往下切割高地，使高地的地面与河面落差不断扩大。以后高地受地壳运动影响不断升高，形成高山。河水向下的切割力也不断加剧，把河底越切越深，久而久之，就形成了山高谷深、水流湍急的三峡今貌。

随着三峡水利枢纽工程的兴建，惊险的三峡航行条件会大大得到改善。

三峡水利枢纽工程

长江流域洪水灾害分布很广，防洪任务很重，为此中央决定修建三峡水利枢纽工程。三峡水利枢纽位于长江三峡的西陵峡中段，水库总库容393亿立方米，其中防洪库容221.5亿立方米，兴利库容165亿立方米，与防洪共用，具有十分重要的意义和作用。

小资料

考考你

在一亿多年前，（　　）盆地还是茫茫大海。
A 四川　B 东北　C 西北

答案：A

41 为什么会发洪水？

洪水是一种自然灾害，会给人们带来很大的痛苦和损失。1998年长江发生的特大洪水就给我们的国家和人民造成巨大损失，带来了沉重的灾难。

洪水是由于暴雨、融雪、融冰和水库溃坝等引起河川、湖泊及海洋的水流增大或水位急剧上涨的现象。按成因和地理位置的不同，常分为暴雨洪水、融雪洪水、冰凌洪水、山洪以及溃坝洪水等。海啸、风暴潮等也可以引起洪水灾害。

地理奥秘一点通

洪水一般出现在多雨的夏天和秋天，雨水降落到地面以后，大部分顺着地面进入江河。雨下得越大，时间越集中，流入江河的水也就越多。如果在短时间内有大量的水流入江河，水量超过了江河的最大输送能力，就会发生洪水，造成水灾。另外，洪水的形成也受当地的气候、植被等自然因素以及人类活动等因素的影响。

自然灾害

凡是危害人类生命财产和生存条件的各类事件，都可以称之为灾害，而由自然变异所引发的灾害就称为自然灾害，如地震、洪水、飓风、冰雹以及土地沙漠化、水土流失、环境恶化等都属于自然灾害。

小资料

考考你

1. 洪水一般发生在（　　）。
A 春天和夏天　　B 夏天和秋天
C 秋天和冬天
2. 洪水是一种（　　）。
A 自然灾害　B 人为灾害　C 人为现象

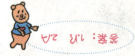

答案：1.B　2.A

42 为什么会有冰川？

冰川存在于极寒之地，所以地球上只有南极和北极以及其他高海拔的山上才有冰川，并且高海拔山的山峰不能过于陡峭，降落的雪不会顺坡而下，才能形成积雪。在我国，青藏高原就有冰川。

随着外界条件和时间的变化，雪花落到地上会发生变化，变成完全丧失晶体特征的圆球状雪，称之为粒雪。积雪变成粒雪后，随着时间的推移，粒雪的硬度和它们之间的紧密度不断增加，大大小小的粒雪相互挤压，紧

密地镶嵌在一起，其间的空隙不断缩小，以致消失，雪层的亮度和透明度逐渐减弱，一些空气也被封闭在里面，这样就形成了冰川冰。冰川

地理奥秘一点通

冰最初形成时是乳白色的，经过漫长的岁月，冰川冰变得更加紧密坚硬，里面的气泡也逐渐减少，慢慢地变成晶莹透彻、带有蓝色的水晶一样的老冰川冰。

冰川冰在重力作用下，沿着山坡慢慢流下，就形成了冰川。

地球上的冰川

地球上的冰川大约有2900多万平方千米，储水量占地球总水量的2%，但可以直接利用的很少。这些冰川是在距今二三百万年前，由于北冰洋和西伯利亚的寒潮不断南下侵入，地球笼罩在异常寒冷的气候条件下形成的。

小资料

考考你

1.（ ）有冰川。

A 长江三角洲　　B 中国南海

C 青藏高原

2. 老冰川冰的颜色是（ ）。

A 银白色　　B 蓝色　　C 无色透明

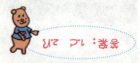

答案：1.C 2.B

43　夏天，为什么北极的太阳总不落山？

北极的夏天景色是十分奇妙的，它每天24小时始终是白天，要是碰上晴天，即使是午夜时刻也是阳光灿烂，就像大白天一样的明朗。这就是极昼现象。

产生这种现象的原因是：地球环绕太阳旋转（公转）的轨道是一个椭圆，太阳位于这个椭圆的中心上。由于地球总是侧着身子环绕太阳旋转，地球自转轴与公转平面之间有一个66° 33′的夹角，而且这个夹角在地球运行过程中是不变的，这样就造成了地球上的阳光直射点并不是固

地理奥秘一点通

定不动，而是南北移动的。在一年中的春分和秋分，太阳光直射在赤道上，这时地球上各地昼夜长短都相等。春分以后，阳光直射点逐渐向北移动，直到夏至日时，太阳光直射在北回归线上，整个北极圈内都能看到极昼现象，而整个南极圈内则正好相反，一片漆黑，产生极夜现象。

回归线

地球赤道以北 23°26′ 处的纬线圈，叫做北回归线。赤道以南 23°26′ 的纬线圈称为南回归线。每年太阳的直射范围只限于这两条纬线之间，来回移动，所以叫做回归线。

考考你

1. 当太阳照在地球上的（　　）时，地球各地昼夜长短都一样。

　　A 南回归线　　B 北回归线　　C 赤道

2. 当南极圈是极夜时，北极圈内是（　　）。

　　A 极昼　　B 昼夜平分　　C 极夜

答案：1. C　2. A

44　为什么全球气候在变暖？

　　全球的气候变暖已经成为人们关注的问题。近几年，在我国北方许多地方都出现了暖冬现象，冬天没有过去冷了，夏天则更热了。那么，全球气候为什么会不断变暖呢？

　　引起全球气候变暖的原因很多，其中大气污染毫无疑问是造成全球气候变暖的最重要原因。由于工业化进程的加快和人

类活动的加剧，大气中污染物的种类和浓度都在增加。在众多的大气污染物中，二氧化碳浓度的升高和全球气温变暖之间有很紧密的内在联系。大气中二氧化碳含量的增加不会影响太阳辐射穿过大气层，但由于二氧化碳能吸收地球表面反射回宇宙空间的红外辐射，会引起近地面大气温度的增高，这就导致了全球气温升高。

除了上述原因，近年来人口的剧增也是导致全球变暖的主要因素之一。每年仅人类自身就会排放惊人数量的二氧化碳，这也直接导致大气中二氧化碳的含量不断增加。

暖冬现象

近年来，由于地球上大气污染和温室效应的加剧，很多地区的冬季平均气温都要高于往年冬季气温的平均值，也就是说我们现在的冬天比以前的冬天要暖和一些，这种现象叫做暖冬现象。

小资料

考考你

1. 引起全球气候变暖的最重要原因是（ ）。
A 大气污染 B 人口增加 C 沙漠化
2. 引起气温升高的主要气体是（ ）。
A 氧气 B 二氧化碳 C 甲烷

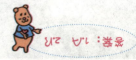

答案：1.A 2.B

45 地球变暖会造成
什么后果?

　　地球气候正在变暖已是一个不争的事实。近几年,许多地方都出现了暖冬现象。经科学研究认为,地球变暖是由于温室效应引起的。

　　随着人口的不断增加和工业化的发展,人类对煤和石油的消耗越来越大,排放在空气中的二氧化碳等温室气体也越来越多。由于二氧化碳具有保温作用,所以地球上的气候也因此而慢慢变暖。

　　地球变暖的后果是极其严重的。地球变暖了,一些干旱地区的旱灾就会更加严重,并越发频繁,森林和草原的火灾也会更多,并导致温室气体的进一步增加;由于地球变暖,温度升高,含有大量水体的两极冰层将要融化缩小,高山冰川也要后退,一部分冰川会消失,这

地理奥秘一点通

我最喜爱的第一本百科全书

090

就使海洋水量大增；海洋水体又由于温度升高而膨胀，导致海平面上升，致使一些低地、滩涂、海岛和海滨会被淹没。

目前，地球变暖已经引起广泛关注，人们在为治理大气环境而不断努力。

温室效应

太阳光的热量可以透过大气层射入地面，而地面变得温暖后发出的热量却被大气中的二氧化碳等物质吸收了，这样就使热量聚集在地球表面，而不会散发到宇宙空间去，因此使得地球上温度变暖，这样的效应就叫做温室效应。

1. 地球变暖是由（ ）引起的。
A 太阳照射　B 温室效应　C 巫婆的魔法
2. 地球变暖不会造成（ ）。
A 南北两极的冰雪融化　B 海平面上升
C 人口大量增加

答案：1.B 2.C

46　厄尔尼诺现象可怕吗？

　　"厄尔尼诺"是西班牙文，原意是"圣婴"。厄尔尼诺最早被用于称呼南美太平洋中从北向南运动的一支暖海流。今天的厄尔尼诺现象不仅仅局限于南美洲沿岸，它还指地处太平洋热带地区的海水大范围异常增温的现象。

　　为什么会发生厄尔尼诺现象呢？科学家认为，这是由于太平洋赤道带内，海洋和大气相互作用失去了平衡的缘故。这时，赤道洋流和信风减弱，西太平洋暖水向东流，东太平洋冷水上翻受阻，于是发生海水增温、海面抬高的现象。

　　这一现象造成了地球温度的升高，使影响气候的各种因素失衡，从而导致气候异常：该热的地方不热，该冷的地方不冷；该下雨的地方

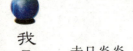
赤日炎炎，焦土遍地，一向少雨的地方却大雨滂沱，洪涝成灾。厄尔尼诺现象危害巨大，我国在 1998 年遭遇的历史罕见的特大洪水，厄尔尼诺现象便是最重要的原因之一。

洋流和信风

在海洋中，朝着一定方向流动的水叫做洋流。在赤道两边的低层大气中，北半球吹东北风，南半球吹东南风，这种风的方向很少改变，叫做信风。洋流和信风也是影响我们气候差异的重要因素。

小资料

考考你

1. 厄尔尼诺现象最初发生在（　　）。
A 南美洲沿岸　　B 西太平洋　　C 印度洋沿岸
2. 厄尔尼诺现象的特征是（　　）。
A 海水大面积增温　　B 海水大面积降温
C 海上风浪加大

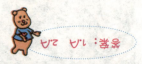

答案：1. A　2. A

47 龙卷风为何能把鱼虾带上天？

龙卷风，就是人们通常所说的"龙吸水"，这也许是由于它的外形像神话传说中的龙，从天而降，把地上的水吸上去的缘故。说来还有一件趣事呢！1974年的夏天，在澳大利亚北部山区突然乌云密布、大雨倾盆，一万多条鲈鱼也随着暴雨

从天而降。原来，这是龙卷风造成的。

龙卷风常发生在夏季的雷雨天气。在雷雨云中对流运动十分强烈，上下温差很大。地面的热空气快速上升，而高空冷空气急速下降，冷空气的下降速度远大于热

093

空气的上升速度，两种气流不断交锋、运动，就形成了许多小漩涡。小漩涡不断扩大形成空气旋转柱。当发展的漩涡到达地面高度时，地面风速急剧上升，就形成了龙卷风。

　　发生在陆地上的龙卷风叫陆龙卷，发生在水面上的龙卷风叫水龙卷。由于龙卷风风速很大，因此有极大的破坏性，常常会带来灾害性的后果。

对流运动

　　在空气或者液体中，较热的部分和较冷的部分通过循环的流动，可以使温度趋于均匀，这种运动叫做对流运动。空气在做这种对流运动时，就会产生风。

考考你

1.龙卷风通常发生在（　　）。
　A春季　　B夏季　　C秋季
2.发生在水面上的龙卷风叫（　　）。
　A陆龙卷　　B水龙卷　　C火龙卷

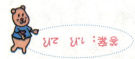

答案：1.B　2.B

48 台风是怎样形成的？

　　台风是旋转极快的空气大漩涡，它是热带海洋上发生的一种破坏力极强的风暴。2005 年 8 月 29 日，美国的新奥尔良遭受了强劲台风的袭击，人员死伤无数，整个城市几乎毁于一旦。台风所引发的灾难事故每年都有发生。那么，台风是怎样形成的呢？

　　台风实际上是强烈的热带气旋。热带气旋是发生在热带海洋上的强烈天气系统，由于强烈阳光的照射，海水的温度很高，海面上的空气被海水烤得很热，并且含有大量的水蒸气。这层空气因继续受热而迅速上升，

地理奥秘一点通

其中水蒸气上升遇冷后凝结成水滴，放出大量的热，使空气因温度升高而继续上升，于是那里就形成了一个气压很低的区域。这时，四周比较冷的空气就会乘虚而入，迅速地对流过来填补，这样就逐渐形成了一个空气漩涡。随着蒸发到空中水汽的不断增加，漩涡越来越大，最终形成了台风。

天气系统

　　天气系统是指具有一定的温度、气压或风等气象要素空间结构特征的大气运动系统，可以按气压分布分为高压、低压等，也可按风的分布来分为气旋、反气旋等。人们可以根据天气系统来分析天气现象和变化。

小资料

考考你

　　1. 台风发生在（　　）。

　　A 热带海洋　　B 温带海洋　　C 寒带海洋

　　2. 台风的气候类型是（　　）。

　　A 热带气旋　　B 亚热带季风　　C 西伯利亚寒流

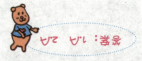

答案：1. A　2. A

49 "海"与"洋"是一回事吗?

陆地和海洋都与人类的生存和发展密切相关。所谓海洋,是指地球上广大而连续的咸水域的总称,总面积约为 3.6 亿平方千米,远远大于陆地面积,约占地球表面积的 71%。

海洋分为海和洋,通常海洋的中心主体部分叫洋,边缘附属部分称海。海与洋之间彼此通连,共同形成统一的海洋整体。

海与洋之间有四个明显的区别:洋的面积大,约占海洋总面积的 89%;洋的深度大,平均水深一般都在 3000 米以上;洋有独立的洋流和潮汐系统;洋受陆地影响小,水温、盐度等要素比较稳定,

水的透明度大。

　　海的面积小，只占海洋总面积的11%；海的水深平均较浅，平均水深一般在2000米以下，有的甚至只有几十米深；海受大洋流向和潮汐的支配；海与陆地连接，受大陆影响大，水的透明度较差。

潮 汐

　　任何物体之间都存在相互吸引的力，叫万有引力。物体的质量越大，它的引力就越大。太阳和月亮对地球上的物体也存在着引力，这种引力使得地球上海洋、河流的水位出现定时涨落的现象，这就是潮汐。

小资料

考考你

1.海洋的面积（　　）陆地的面积。

A 大于　B 小于　C 等于

　2.海和洋（　　）一回事。

A 是　　B 不是　　C 不清楚是否

答案：1.A 2.B

50　为什么海水是咸的？

在海里游泳的人如果不小心喝了口海水，会感到海水又咸又苦，和我们日常生活的自来水以及河水的味道完全不一样。那么，海水为什么是咸的呢？

这是因为海水里溶解了许多盐类。海水中有 3.5% 左右的盐，其中大部分是食盐，学名叫做氯化钠，还

有少量的氯化镁、硫酸钾、碳酸钙等，正是这些盐类使海水变得又苦又涩，难以入口。那么这些盐类究竟来自何方呢？大多数科学家认为，在地球形成的初期，刚开始形成的水都是淡水。后来由于水流冲

099

地理奥秘一点通

刷侵蚀了地表岩石，岩石中的盐分不断地溶于水中。这些水流不断地汇成大河奔腾入海，随着海水不断蒸发，盐分逐渐沉积，天长日久，盐类越积越多，于是海水就变成咸的了。另外，在大洋底部随着海底火山喷发，海底岩浆溢出，也会不断地给海洋增加盐类。

自来水

自来水就是我们家里水管中流出的供我们生活使用的水，是人们汲取了江河湖泊及地下水，然后通过自来水处理厂净化、消毒后生产出来的。它是符合国家饮用水标准的洁净的水，不会对我们的身体带来危害。

1. 海水中，盐的来源是（　　）。
A 岩石溶解的　　B 天上掉下来的　　C 人制造的
2. 海水中盐的主要成分是（　　）。
A 氯化钠　　B 氯化镁　　C 碳酸钙

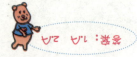

答案：1.A 2.A

51 为什么海上不容易结冰？

隆冬季节，"千里冰封，万里雪飘，大河上下，顿失滔滔"。大河都冰封了，那大海呢？其实浩瀚的大海一般不会结冰，冬天照样是波涛汹涌。

普通的清水到0℃就会结冰，而含有杂质的水则难以结冰，也就是说含有杂质的水凝固点低于0℃。

海水含盐度很高，大约在34.5‰左右，这种盐度下，海水的冰点大约在－2℃。但即使达到－2℃，由于表面海水的密度和下层海水的密度不一，造成海水对流强烈，也大大妨碍了海冰的形成。此外，海洋受洋流、波浪、风暴和潮汐的影响很大，在温度不太低的情况下，或者在达到冰点的情况下，冰晶也很难形成。即使形成了冰晶，也不易冻结在一起，甚至冻结在一起的

地理奥秘一点通

冰晶也易被拆散，这就是海水不容易结冰的原因。

但到温度更低的时候，一部分纯水从海水中凝结出来成为冰，因而海冰是淡水冰。

凝固点

在压力不变的情况下，当温度降低到某一程度时，液体物质会开始凝固，这时的温度就叫做物体的凝固点。在一个大气压下，水会在 0℃ 时凝结成冰，0℃ 就是水的凝固点，也叫冰点。

考考你

1. 海水结冰的温度（ ）清水的冰点。
A 高于　B 低于　C 等于
2. 海水不容易结冰是因为（ ）。
A 海水含盐　B 海水温度高　C 海水会流动

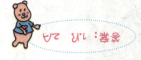

答案：1.B　2.A

52 红海为什么是红色的?

红海是位于阿拉伯半岛和非洲大陆之间的狭长海域,古希腊人把它称为"红色的海洋",这也是红海名称的由来。

为什么会称它为"红海"呢?这有很多种说法。最常见的说法是由于红海水温高,适宜生物繁衍,所以表层海水中繁衍着大量红色海藻,从而使海水略显红色。也有人认为是由于红海靠近海岸的浅海地带有大量的黄红色的珊瑚沙,使得海水变红。还有说法认为,由于红海两岸是一片绵延不绝的红黄色岩壁,这

地理奥秘一点通

些岩壁将太阳光反射到海面，使海面红光闪烁，红海因此而得名。

红海是世界上水温和盐度最高的海之一，同时它也是连接欧洲、亚洲、非洲三块大陆的重要海上通道，在世界航海史上发挥着重要的作用。

红海有多大

红海南北长约 2100 千米，最宽处有 306 千米，面积约 45 万平方千米，平均水深 558 米，最深处达 2514 米。红海现在仍以每年 2-5 厘米的速度扩张着，5000 万年后它将很有可能变成地球上又一个大西洋。

小资料

考考你

1. 红海位于（　　）。
A 亚洲大陆和美洲大陆之间
B 阿拉伯半岛和非洲大陆之间
C 美洲大陆和欧洲大陆之间
2. 红海的名字是（　　）取的。
A 古阿拉伯人　　B 古希伯来人　　C 古希腊人

答案：1.B 2.C

53 为什么称马尾藻海是 "洋中之海"？

大西洋中部的马尾藻海是一个"洋中之海"，而世界上的海大多是大洋的边缘部分，都与大陆或其他陆地毗连。

马尾藻海的西边与北美大陆隔着宽阔的海域，其他三面都是广阔的

洋面，所以它是世界上唯一没有海岸的海，因此也没有明确的海区划分界线，"洋中之海"也由此而来。

马尾藻海围绕着百慕大群岛，与大陆毫无瓜葛，它名虽为"海"，但实际上并不是严格意义

地理奥秘一点通

上的海，只能说是大西洋中一个特殊的水域。

马尾藻海还是一个终年无风区。在蒸汽机发明以前，船只只能凭风而行。那个时候如果有船只贸然闯入这片海区，就会因缺乏航行动力而被活活困死。意大利航海家哥伦布率领的一支船队，就曾在那里被马尾藻海包围了整整三个星期，才摆脱了危险。

106

神秘的百慕大三角

　　百慕大三角海域是美国佛罗里达半岛南端与加勒比海的波多黎各岛和百慕大三点连成的一个三角形海域。近百年来，数以百计的飞机、船只在这里莫名其妙地坠毁沉没，被人们称为神秘死亡地带。科学家们对此提出了各种假说，但目前还没能确实证明真正的原因。

1. 马尾藻海是一个终年（　　）区。
A 有风　B 有雨　C 无风
2. 马尾藻海的西边与（　　）隔着宽阔的海域，其他三面都是广阔的洋面。
A 北美大陆　B 南美大陆　C 中国大陆

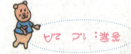

答案：1. C　2. A

54 为什么台湾被誉为祖国的宝岛?

台湾岛是我国富饶的宝岛。台湾山地森林资源丰富,树种很多,是亚洲有名的天然植物园,其中以樟树最为著名,樟脑产量居世界首位。台湾享有热带和亚热带"水果之乡"的美名,四季鲜果不断。台湾岛不愧为"祖国的宝岛"。

台湾岛形似纺锤,是我国最大的岛屿。它是一个年轻的海岛,山地约占全岛面积的2/3,山势巍峨,

107

群峰挺秀。台湾山脉中的中央山脉纵贯全岛，像个"屋脊"。台湾岛山势陡峻，河流湍急，水力资源蕴藏量大。岛上最长的河流是浊水溪。

台湾的地下矿藏多种多样，中央山脉是金、铜等金属矿的主要产地。西部是煤、石油等的分布区。台湾周围的浅海还蕴藏着石油和天然气资源。广阔的浅海中多水产资源，西海岸又是重要的海盐产区。

世界第一大岛

格陵兰岛位于北美洲东北部，北冰洋与大西洋之间，4/5 的面积在北极圈内，是地球上最大的岛，它的北端是地球陆地距北极最近的地方。全岛大约有 5/6 的土地被冰层覆盖，是世界上仅次于南极洲的第二大冰库。

108

台湾岛形似（　），是我国最大的岛屿。
A 纺锤　B 苹果　C 金鸡

答案：A

55 海南岛为什么被称为椰岛？

海南岛属热带季风气候。在整个海南，处处可见到高大挺拔、四季结果的椰树。它们在不同的时刻、不同的地点，呈现不同的韵味。椰树独钟情于海南，是海南四大热带作物（椰子、橡胶、胡椒、腰果）之一。

我国其他热带地区也有椰树，但很少结果。海南的椰子产量占全国总量的99％以上，而且只有海南椰树果实累累，并且果汁果肉特别清甜。

椰树浑身是宝。椰子可以加工成多种多样的食品和饮品，成为海南打向世界的拳头产品。椰子汁、肉、根、壳均可入药，椰油可制成高级化妆品。海南的椰雕工艺源远流长，精湛奇巧，在古代被做为面天贡品。

海南岛上风景绮丽，名胜古迹很多，有五公祠、海瑞墓、琼台书院、抗倭鼓楼等。在海南岛南端的三亚市，有一处"天涯"、"海角"的题刻更是人们向往的地方。海南有美丽的热带风光，广阔的海滨，浓郁的民族村寨风情，奇特的火山、海滩、怪石、温泉和茂密的热带森林，旅游资源丰富，是极好的避寒胜地。

中国的长寿岛

海南还是一座长寿岛。全国第三、第四次人口普查结果表明：海南人均寿命居全国之冠。1996 年，海南人口的平均预期寿命是 73.13 岁，高于全国人口平均寿命 3.13 岁。专家们认为，海南人长寿的奥秘在于海南岛有一个美丽纯净的生态环境。

海南的椰子产量占全国总量的（　　）% 以上。
A 99　　B 80　　C 60

答案：A

56 为什么印度尼西亚被称为"千岛之国"？

印度尼西亚是东南亚的一个岛国，位于亚洲东南部，地跨赤道，由太平洋和印度洋之间 17508 个大小岛屿组成，陆地面积为 1904443 平方千米，其中约 6000 个岛屿有人居住。星罗棋布的大小岛屿，为印度尼西亚赢得了"千岛之国"的称号。

印度尼西亚的领海面积约是陆地面积的 4 倍；北部的加里曼丹

岛与马来西亚接壤，新几内亚岛与巴布亚新几内亚相连；东北部面临菲律宾，东南部是印度洋，西南与澳大利亚相

地理奥秘一点通

望；海岸线长 3.5 万千米；热带雨林气候，年平均温度 25~27℃。

印度尼西亚的海岛中有几个是特别有名的。伊里安岛面积 78.5 万平方千米，是世界上仅次于格棱兰岛的大岛，岛的西部属于印尼；加里曼丹岛，面积约 73.4 万平方千米，为世界第三大岛，它有 2/3 的面积属于印尼；还有排名世界第六的苏门答腊岛，岛上的全部领土都属印尼。除此之外，面积超过 10000 平方千米的岛有 9 个，面积超过 1000 平方千米的岛有 15 个。

世界上的海岛

全世界的海岛有 20 多万个，大的可容纳几个中等国家，小的却比一个足球场还小。海岛总面积达 996.35 万平方千米，占地球陆地面积的 6.6%。

小资料

考考你

印度尼西亚由太平洋和印度洋之间（　　）个大小岛屿组成。

A 6000　B 17508　C 35000

答案：B

57 "雷州半岛"的名称是怎么来的?

雷州半岛隔琼州海峡，对面是海南岛，是我国大陆的最南端，中国三大半岛之一。雷州半岛的得名跟这一带的天气关系密切。在这一带，雷暴天气很常见，即使在秋季，也常常能听到连绵不断的雷声，于是人们给它起了一个形象而又贴切的名字——雷州。雷暴是由发展

旺盛的积雨云引起闪电雷鸣现象的局地风暴。雷电一般出现在炎热夏天的午后。一个地方夏季越长，雷暴天气就越多。

雷州半岛三面环海，岸线长约 1180 千米，连海岛岸线总长达 1450 千米。这里属于热带季风气候，年均温在 23℃以上，最冷月均温超过 15℃，极端最低温一般大于 4℃，全年无霜。天然

113

地理奥秘一点通

植被为热带季雨林，以热带性常绿树种为主。但天然森林多已无存，小片次生林仅见于村边和南部台地。林地多为人工栽种的桉树林，滨海有红树林和沙荒草地。

中国三大半岛

　　山东半岛，也称胶东半岛，是中国第一大半岛，位于中国山东省东部，伸入渤海、黄海间。辽东半岛位于辽宁省南部，是中国第二大半岛。它的北面边界是鸭绿江口与辽河口的联线，其他三面临海。中国第三大半岛就是雷州半岛。

小资料

考考你

　　雷州半岛隔琼州海峡，对面是（　　），是我国大陆的最南端。
　　A 海南岛　　B 台湾岛　　C 冰岛

答案：A

58 格棱兰真的是绿色的陆地吗?

格棱兰岛位于北美洲东北部,在北冰洋与大西洋之间,是世界上最大的岛屿。格棱兰是音译,意译是"绿色陆地"的意思。格棱兰岛84%的陆地被厚厚的冰层覆盖,冰层平均厚度约为1.4千米。冰的总体积约有260万立方千米,仅次于南极洲的现代大陆冰川。从这可以看出,格陵兰岛完全与名字不相符合。

格棱兰岛大部分位于北极圈内,一年中差不多有5个月极昼,5个月极夜,

地理奥秘一点通

极夜时可见到奇异的极光。岛上有 5 万多人口，绝大部分是因纽特人和北欧人的混血人种，90% 的人口居住在较温暖的西南沿岸和南岸地区。首府戈特霍布是西南岸的一个港口，受暖流影响，终年不冻。

在全球海洋里千千万万的岛屿中，面积达 217 万平方千米的格棱兰岛排名第一，以面积大小而论，它比排名第二的新几内亚岛、排名第三的加里曼丹岛、排名第四的马达加斯加岛的面积总和还要多 54559 平方千米。因此，格棱兰岛是当之无愧的大岛。

因纽特人

因纽特人也被称为爱斯基摩人，是"吃生肉的人"的意思。他们主要居住在阿拉斯加、加拿大北部和格棱兰岛等寒冷地区。他们和印第安人一样，只是晚一些从白令海峡来到美洲。他们在海岸边安家落户，主要靠猎捕海豹、海象、鲸类、鸭子、驯鹿、白熊等为生。

格棱兰岛（　）的陆地被厚厚的冰层覆盖。
A 74%　B 64%　C 84%

答案：A

59 为什么冰岛不冷？

冰岛是欧洲最西部的国家，位于北大西洋中部，为欧洲第二大岛，它的英文名称为Iceland，意为"冰冻的陆地"。而实际上，这块游离于北欧大陆之外的岛国，却是绿草茵茵、地热丰富、

渔业发达的富饶国家。冰岛的地理位置在北纬60度以上，靠近北极圈，我国东北地区在北纬45度以上，按道理说，纬度越高的地区应该越冷，可是冰岛却比我国东北还要暖和。

原来大西洋的暖流吸收了较多的太阳能后，从赤道出发，把水温达24℃的海水送到冰岛，然后释放出大量的热，使这里的气温升高。有人计算，大西洋暖流每年给冰岛每1000米海岸提供的热量，相当于6000吨煤产生

117

我最爱的第一本百科全书——

的热量。

科学家告诉我们：海洋是气候的调节器，它能把赤道的一些热量带给高纬度地区，又能把高纬度地区的一部分寒冷带给赤道，引起地球气温的重新分布，使得赤道地区和两极地区的气温相差得不至于太悬殊。

118

冰火之国

冰岛全境 3/4 是海拔 400-800 米的高原，其中 1/8 被冰川覆盖，有 100 多座火山，其中活火山 20 多座。冰岛几乎整个国家都建立在火山岩石上，大部分土地不能开垦，是世界上温泉最多的国家，所以被称为冰火之国。

小资料

考考你

大西洋暖流每年给冰岛每 1000 米海岸提供的热量，相当于（　　）吨煤产生的热量。
A 5000　B 4000　C 6000

答案：A

60 大陆的尽头在什么地方？

有的人可能会问，大陆有尽头吗？如果有，大陆的尽头在什么地方呢？

在地图上，陆地部分和海洋部分是用分界线标出的。其实，这不是大陆的真实形状。地球上每一个大陆板块的边缘，都是深度约 200 米的浅海，它是大陆的连续部分，是大陆延伸进海洋的浅海中的陆地，称为大陆架，也称水下平原。大陆架有宽有窄，宽的能使大陆延伸超过海岸线近 1609.3 千米。大陆架是地壳运动或海浪冲刷的结果。地壳的升降运动使陆地下沉，淹没在水下，形成大陆架；海水冲击海岸，产生海蚀平台，淹没在水下，也能形成大陆架。它大多分布在太平洋西岸、大西洋

我最喜爱的第一本百科全书

北部两岸、北冰洋边缘等。

大陆末端直到海底的这一段，是猛然下降的斜坡，叫做大陆坡。它位于大陆架与深海底之间，它是大陆和海洋在构造上的边界。大陆架和大陆坡合称为大陆边缘，它们是大陆的尽头，隐藏在海水里，其实是大陆的一部分。

海 沟

海沟是位于海洋中的两壁较陡、狭长的、水深大于 5000 米的沟槽。海沟多分布于活动的海洋板块边缘，在海洋板块与大陆板块的交界处，一般认为它是地球板块相互挤压作用的结果。

考考你

大陆架有宽有窄，宽的能使大陆延伸超过海岸线近（　）千米。

A 1509.3　　B 1409.3　　C 1609.3

C：案答

61 海底和海面一样平坦吗？

一阵风浪从海平面袭过，海面又恢复了平静。海面像铺了地毯一样十分平坦，有人就会问了，海底和海面一样平坦吗？

其实，海底和海面是非常不一样的。海底就像陆地上一样，有高山，有盆地，有火山，还有很多地面上见不到的特殊景观。

大约 30 亿年前，地球逐渐冷却下来，形成了一层地壳。开始时地壳十分脆弱，火山喷发时产生大量的气体，原始大气中水蒸气越积越多，形成厚厚的云层。直到一定的时候，当地球冷却到了不至于雨水还没有降落到地面就化作水蒸气的程度，

121

云层里的水蒸气开始凝结成雨点落下来。

雨水落下又化作水蒸气，水蒸气在天空凝结后又落下来，反反复复，经过了很长的时间，地面低洼处的水渐渐连成一片，渺渺茫茫，就形成了我们今天看到的海洋。

海陆交界处

海岸是连接海洋边缘的陆地。由于波浪和风力的侵蚀，海岸的形状总是不断地发生着变化。岸边的一些岩石经过磨损就形成了海角。海滩在海岸平坦的低地处形成。经海浪的冲刷，巨石和悬崖都被磨成了小石头和鹅卵石，最后它们变成了沙子，散布于海滩上。

考考你

　　大约（　）亿年前，地球逐渐冷却下来，形成了一层地壳。

　　A 60　　　B 70　　　C 30

答案：乙

62 为什么小小的珊瑚能形成岛屿?

珊瑚是海洋里的小动物,但它和其他的海洋动物不一样,不能游来游去,一出生就"定居"在岛屿的周围或礁石上。珊瑚喜欢群体生活,大家紧紧地聚集在一起,老的珊瑚虫死了,新一代珊瑚在它的遗骸上继续生长。这样,它们世世代代地

累积,死去的珊瑚骨骼慢慢地和石质化的骨骼粘结在一起,体积越来越大,天长日久,就形成了岛屿。

珊瑚虫很娇气,既怕冷,又怕黑,而且它周围的海水含盐量也要适宜才能生长。我国南海的环境非常适合珊瑚虫生长,所以那里有许多美丽的珊瑚岛。西沙群岛多数都是这样的岛屿。珊瑚岛的形状很别致,有的像个环,叫环礁;有的像城堡,叫堡礁;还有的在岸边向海里生长,

叫岸礁。

在海底世界，珊瑚礁享有"海洋中的热带雨林"等美誉，被认为是地球上最古老也最珍贵的生态系统之一。珊瑚在长达2.5亿年的演变过程中保持了顽强的生命力，但是近数十年，人类对海洋资源的过度开发、污染，全球气候变暖，使珊瑚礁出现了前所未有的生存危机。

珊瑚岛国

马尔代夫是印度洋上的群岛国家，由26组自然环礁、1190个珊瑚岛组成，被称为珊瑚岛国。马尔代夫位于赤道附近，具有明显的热带气候特征，无四季之分，是著名的旅游胜地。旅游业、船运业和渔业是马尔代夫经济的三大支柱产业。

珊瑚虫很娇气，既怕冷，又怕（　　）。

A 热　　B 黑　　C 毒

答案：A

63 为什么要保护珊瑚礁？

从分类上来看，珊瑚可以分为两大类：一是有藻类共生的造礁珊瑚，生活在阳光充足的较浅区域；另外一类是无藻类共生的非造礁珊瑚，生

活在较深的海底。珊瑚礁提供了大大小小的各种空穴与缝隙，很适合各种生物的栖息，所以珊瑚礁区的生物歧异度相当高。

此外珊瑚虫对地球上大气中的碳循环也扮演着重要的角色，它们将二氧化碳转变为碳酸钙骨骼，有助于降低地球大气中的二氧化碳含量，从而减轻温室效应、降低大气温度。

珊瑚礁海区一般营养盐丰富，以营养盐为生的浮游生物便大量繁殖，致使生物链中更高级的

鱼虾蟹贝以及鸟类和大型海兽在此集结，形成了生物密集区。同时，珊瑚礁的复杂地形也保证了多种生物的均衡发展。

因此，珊瑚礁海区有"热带海洋森林"之称。

世界上最大的珊瑚礁

大堡礁是澳大利亚东北海岸外一系列珊瑚岛礁的总称，是世界最大的珊瑚礁群。它有约 3000 个岛礁，分布面积达 20.7 万平方千米。大堡礁海水温度适宜，清晰度高，水面平静，生态条件良好，有利于各种海洋生物的生长。

小资料

考考你

珊瑚可以分为两大类：一类是有藻类共生的造礁珊瑚，另一类是无藻类共生的（　　）。

A 非造礁珊瑚　B 造礁珊瑚　C 珊瑚

答案：A

64 为什么海会发光？

海会发光，你见过吗？美国科学家近期对卫星照片分析后发现，曾经在海员口中世代流传并在凡尔纳科幻小说《海底两万里》中提到过的"会发光的海"确实存在。

自17世纪以来，这种罕见的自然景象被目击者描述为

"没有月亮的夜空下的冰原"。科学家研究发现，这种发光的海水会向四周扩散，光亮持续数小时或数天，其中的发光体是海里生活着的大量会发光的细菌和其他动物。由于发光持续时间通常较短，以往科学家探寻原因的研究往往难

地理奥秘一点通

以深入。

从 1915 年至今,记录在案的报告中发现"荧光海"的次数为 235 次,大多集中在印度洋西北部和印度尼西亚爪哇岛附近。在非洲索马里、南欧葡萄牙和中美洲波多黎各的沿岸海域也有过类似发现。

凡尔纳的科幻小说《海底两万里》

凡尔纳是 19 世纪法国著名的科幻小说家,他的名作《海底两万里》讲述了生物学家阿龙纳斯教授搭乘潜艇在海底航行两万里的探险故事,其中包含了丰富的科学知识,从地球到宇宙空间,从地质、地理到航海、航天,为人们展现了一个富含科学色彩的奇幻世界。

小资料

考考你

1.海会发光的原因是（　　）。
A 月光的照射　B 海底龙宫的灯光
C 大量细菌会发光

2."荧光海"的现象主要在（　　）。
A 印度洋西北部　B 太平洋沿岸
C 大西洋沿岸

答案:1.C 2.A

65 为什么海洋中也有"飞碟"？

　　如果告诉你，海洋中也有"飞碟"，一定会感到奇怪。海洋中的"飞碟"的确存在，而且很多，已发现的就有300多个。

　　海中飞碟与空中飞碟不一样，它是由一种特殊的水组成的。这种水的温度、密度、含盐量及所含的化学物质与周围的海水不同，因而呈现出一个边缘分明的"独立体"，并且随着海流和漩涡，一边前进，一边高速旋转。另外，海中飞碟要比空中飞碟大得多，大西洋发现的一枚"飞碟"直径达 80 千米，它在飞速旋转时，"吞进"了难以计数的鱼虾。海中飞碟大多诞生于大江、大河、大湖的入海处，当这些淡水和海水相遇时，由于比重和性质不同，互不相融，于是在肉眼看不到的海洋深处，形成了快速旋转着的"飞碟"。据说这种海中"飞碟"可以长达 10 年不解体，且不知疲倦地转个不停。

海水不会干

地球上 70% 左右的面积都覆盖着蓝蓝的海水，它们奔涌咆哮，不会枯竭。尽管太阳一晒，大量海水就变成水蒸气上升到空中，可蒸发的海水大部分又凝结成了雨珠降落在海里，落在陆地上的雨水也会流进溪河，归于大海。周而复始，大海里的水就永远是那么多了。

小资料

考考你

海洋中的"飞碟"的确存在，而且很多，已发现的就有（　）多个。
A 500　　B 600　　C 300

答案：A

66 为什么海洋中有岛屿？

在浩瀚无际的海洋中，散布着大大小小 5 万多个岛屿，如无数珍珠镶嵌在蔚蓝的海面上。那么，这些岛屿是怎样形成的呢？

岛屿按其成因，分为大陆岛、火山岛和珊瑚岛三大类。

大陆岛本来是大陆的一部分，由于地壳发生运动，它们和大陆之间出现了断裂沉陷地带，因而变成了和大陆隔海相望的岛屿，如我国的台湾岛、海南岛，非洲的马达加斯加岛等，就是这样形成的。

还有许多岛屿，原来不是陆地，它们是海底火山喷出的熔岩和碎屑物质在海底

131

地理奥秘一点通

堆积而成的，如太平洋中的夏威夷群岛就是一群火山露出在海面上形成的，这些岛屿被称为火山岛。

生活在温暖海水里的珊瑚虫也是岛屿的积极建设者。珊瑚虫能不断分泌出一种石灰质物质，数以亿计的珊瑚虫分泌出的石灰质连同它们的遗骸，形成了珊瑚岛，如我国南海诸岛中的大部分岛屿就属于珊瑚岛。

能让人长高的岛

在浩瀚无垠的加勒比海上，有一个神奇的小岛，名叫马提尼克岛。从1948年起，岛上出现了一种令人们迷惑不解的现象：岛上居住的成年男女都长高了好多。岛上的青年男子身高如果没有1.80米，就会被同伴们讥笑为"矮子"。更为奇特的是，成年的外地人到这个岛上来居住一段时间后也会很快长高。

考考你

1. 岛屿按照成因可以分为（　　）。

A 一类　B 三类　C 五类

2. 我国的台湾岛属于（　　）。

A 大陆岛　B 火山岛　C 珊瑚岛

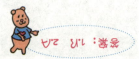
答案：1.B 2.A

67 为什么大海是蓝色的？

我们看到的大海，一片蔚蓝。但水是无色的，为什么海水会是蓝色的？

人眼看到的海水的颜色，是海水对太阳反射光的颜色。白光射向海水时，由于海水对白光的选择吸收和散射，使海水呈现蓝色。

光通过介质时，光的部分能量被介质吸收而转变成介质的内能，使光的强度随着光穿过的厚度而衰减的现象称为光的吸收。若某种介质在一定波长范围内，对光的吸收程度很小，并且随波长变化不大，这种吸

地理奥秘一点通

收称为一般吸收；若某种介质对某些波长的光的吸收特别强烈，且随波长变化也很大，这种吸收称为选择吸收。太阳光射到海水上时，由于海水对红、黄色光进行选择吸收，而对蓝、紫色光强烈散射、反射，因而海水看起来呈蓝色。

大部分物体呈现的颜色，都是其表面或体内对可见光进行选择吸收的结果。

光的反射与散射

光的反射是光从一种介质射入另一种介质时，一部分光从分界面返回原介质继续传播。我们拿小镜子对着阳光，光会反射到墙上，就是这个道理。光的散射是由于介质不均匀而使光线离开一定的线路，传向四面八方。我们看到明亮的天空就是大气对阳光的散射作用。

1. 海水能对（　）色光进行选择吸收。
A 蓝、紫　B 黄、绿　C 红、黄
2. 海水呈现蓝色是海水（　）太阳光的结果。
A 选择吸收　B 反射　C 折射

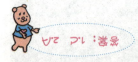

答案：1.C　2.A

68 为什么晴天时显得天高，阴天时显得天矮？

在晴朗的日子里，往往视野开阔，天空万里无云，或者湛蓝的天上飘着几朵白云，天空显得深邃、高远。而在阴天时天空常常是灰蒙蒙的，阴暗低沉，显得天很低，压得人几乎透不过气来。这究竟是为什么呢？

在晴天，一般云很少，又很薄，天空中没有云的遮挡，太阳光能透过云层照射下来，因而天空澄净透明，看得更远，所以显得天空很高。而在阴天时，天空中的云又厚又密，太阳光被遮挡透不下来。再者，云层

地理奥秘一点通

比较低，视力所及的就更加有限，加上光线幽暗，人们就会觉得天很矮。实际上，并不是天有高低，而是云有厚薄又有高低，让人们觉得天有高低。

视觉局限

我们的眼睛并不能看到全部的光，如太阳光中的紫外线和红外线眼睛就看不到。眼睛有时候对色彩上的辨别能力也会发生改变，观看物体的能力下降甚至丧失，都会引起视觉局限。色盲者是辨色能力丧失，而盲人则是视觉受损。

小资料

考考你

1.晴天时，天空显得很高的原因是（　　）。
A 天上云少　　B 太阳光比平时大
C 太阳离我们比阴天远
2.阴天没有阳光是因为（　　）。
A 太阳公公生病了　　B 被云彩遮住了
C 太阳公公闹别扭了

答案：1.A 2.B

69　天空为什么是蓝色的?

晴朗的天空,经常是蔚蓝色的,特别是一场大雨之后,更是碧空如洗,湛蓝无比。那么,天空为什么是蔚蓝色的呢?

天空是蓝色的,不是因为大气是蓝色的,大气本身是无色的;也不是因为大气中含有蓝色物质。天空的蓝色是大气分子、冰晶、水滴等悬浮在大气中的微小粒子对太阳光散射的结果。由于介质的不均匀性,使得光偏离原来传播方向而向侧方散射开来的现象,称为介质对光的散射。阳光进入大气时,波长较长的色光,如红、黄、橙色光,透射力大,不容

地理奥秘一点通

易被散射，能透过大气射向地面；而波长短的紫、蓝、靛色光，碰到大气分子、冰晶、水滴等时，就很容易发生散射现象。被散射了的紫、蓝、青色光布满天空，就使天空呈现出一片蔚蓝了。

太阳的七色光

每天，太阳都会普照大地，给人们带来光明和温暖。但其实，太阳光并不是我们看来呈白色的一种光，而是由很多种光组成的复色光，其中我们人眼能看见的部分叫做可见光，是由红、橙、黄、绿、蓝、靛、紫七种颜色的光组成的。

1. 天空是蓝色的原因是（　　）。
A 大气是蓝色的　B 被海水映蓝的
C 太阳光的散射
2. 阳光进入大气时，（　　）不容易被散射。
A 红、黄色光　B 紫、蓝色光　C 红、青色光

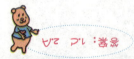

答案：1.C　2.A

70　彩虹是怎么形成的?

在炎热的夏日,有时候雨过天晴后,我们能看见一条七色的彩虹高挂空中,十分美丽。那么,彩虹究竟是怎么形成的呢?

大家知道,太阳光是白色的,但通过光的折射作用,太阳光会

被分解为红、橙、黄、绿、蓝、靛、紫七种颜色。当阵雨过后,空中还漂浮着许多的小水珠,太阳光通过每一颗小水珠时,都会在小水珠内发生折射、反射和色散作用。由于太阳光所含的各色光的折射率不同,所以不同的光就被分散了,被分散的不同的光经过折射和

地理奥秘一点通

反射，就形成了我们看到的彩虹。

　　由此可以看出，出现彩虹的条件，一是天空要有较多的小水珠，二是要有强烈的太阳光。所以，在天气干燥的冬天，很难出现彩虹。

光的折射与色散

　　光的折射是光从一种物质进入另一种物质时，运动速度改变而发生偏折。筷子插入水中看起来好像弯折了，就是光的折射现象。我们看到太阳光在通过三棱镜后，会形成一条彩色的光带，就像雨后的彩虹，这种现象叫光的色散。

1. 彩虹一般在（　）出现。
A 春天　　B 夏天　　C 秋天
2. 太阳光由（　）种颜色组成。
A 5 种　　B 6 种　　C 7 种

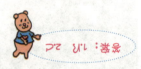

答案：1.B　2.C

71 海市蜃楼是怎样形成的？

　　海市蜃楼通常发生在沿海、沙漠。夏天，在平静无风的海面上，向远方望去，山峰、楼台、亭阁、集市等景象会在远方的空中出现，沙漠中也能看到这种景象。古人不明白产生这种景象的科学原因，他们凭想象认为是海中蛟龙（即蜃）吐出的气结成的，因而叫做"海市蜃楼"。

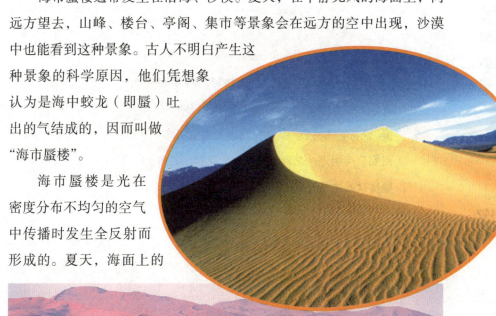

　　海市蜃楼是光在密度分布不均匀的空气中传播时发生全反射而形成的。夏天，海面上的

下层空气温度比上层低，密度比上层大，折射率也比上层大。我们可以把海面上的空气看作是由折射率不同的许多水平气层组成的。远处的山峰、船舶、楼房、人等发出的光线射向空中时，由于不断被折射，越来越偏离原来的方向，以致发生全反射，光线反射回地面，人们逆着光线看去，就会看到远方的景物悬在空中，这就是"海市蜃楼"的奇妙景象。

光的全反射

光从传播速度较小的物体射入传播速度较大的物体时，当入射角增大到某一角度，使折射角达到90°时，折射光完全消失，只剩下反射光，这种现象叫做全反射。海市蜃楼就是由于光线全反射而形成的。

小资料

考考你

1.海市蜃楼在（　　）不可能发生。

A 海洋　B 沙漠　C 热带雨林

2.海市蜃楼现象的发生原因是（　　）。

A 光的折射　B 光的入射　C 光的全反射

答案：1.C 2.C

72　喜马拉雅山是从海里升起来的吗？

　　大家很难想象，被称为"世界屋脊"的喜马拉雅山在两亿多年以前居然是一片汪洋大海。

　　地球上之所以有许多山，都是地壳运动的结果。大约距今 6 亿年前，喜马拉雅山是一片古老广阔的"特提斯"海，是古地中海的一部分。到了距今约 7000 万年前的时候，由于南印度洋的海底扩张，使原来在南半球的印度板块向北逐渐漂移，最后同北方的亚欧板块发生挤压和碰撞。处在这两个坚硬陆块之间的古

地理奥秘一点通

海受挤压而猛烈抬升，形成高大的山脉。在地质历史上，称这次强烈的造山运动为"喜马拉雅运动"。

科学家们还在喜马拉雅山的山谷和岩壁上发现了许多远古时代海洋生物的化石，例如三叶虫、笔石、鹦鹉螺、珊瑚、海胆、海藻、鱼龙等等，这些可以充分证明喜马拉雅山是从古老的大海里升起来的。

板块漂移

板块构造理论认为，地壳是由若干个板块组成的。在3亿多年以前，地球上只有一块大陆，称泛大陆。从中生代起，泛大陆开始破裂，破裂的板块缓慢地向外漂移，直到距今二三百万年以前，到达了大概今天的位置。

1. 喜马拉雅山是由（　　）相撞造成的。
A 大西洋板块和印度洋板块
B 印度板块和亚欧板块
C 亚欧板块和太平洋板块
2. 喜马拉雅山是从（　　）升起来的。
　A 陆地　B 沙漠　C 海里

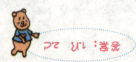

答案：1.B 2.C

73 沙漠是如何形成的？

说起沙漠，在大家印象中肯定是一望无际，满是黄沙，荒凉而寂寞。在我国广袤的土地上，沙漠就占了国土总面积的13%。而世界上最大的沙漠——非洲的撒哈拉大沙漠，足足有中国的陆地面积那么大。那么地球上这么多的沙漠究竟是怎么形成的呢？

就自然条件来说，干燥的气候是形成大范围沙漠的重要条件。在干燥地区，除了岩石风化成碎屑物外，还有干枯的河流带下的大量泥沙、石子，在地面缺乏植物覆盖的情况下，一旦狂风刮起，地面上的大量泥沙将被卷起，这些沙尘在风力减弱或遇到障碍物时，便大片堆积下来成为沙漠。于是，在干燥地区或地形比较低洼的盆地内很容易形成大面积沙漠。

地理奥秘一点通

同时，由于人类滥伐森林、过度放牧和盲目开垦土地，这些行为都加快了沙漠化的进程。世界上每年因沙漠化而丧失大量耕地，土地的日益沙化已成为人类共同面临的严酷现象。

中国最大的沙漠

塔克拉玛干沙漠位于新疆维吾尔自治区南部、塔里木盆地中部，又称塔里木沙漠，是中国最大的沙漠。"塔克拉玛干"的维语意为"进去出不来"。它东西长约1000千米，南北宽约400千米，流动沙丘占85%，是世界上面积占第二位的流动性沙漠。

1. 世界上最大的沙漠是（ ）。
A 塔克拉玛干沙漠 B 撒哈拉沙漠
C 腾格里沙漠
2. 人类的（ ）行为不会造成土地的沙化。
A 滥伐森林 B 适度放牧 C 盲目开垦荒地

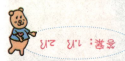
答案：1.B 2.B

74   哪里是黄土的故乡？

　　黄土是颗粒均匀、粉砂质地的黄色尘土物，大部分呈灰黄色、棕黄色或棕红色。黄土高原是中国黄土分布最集中的地区，黄土厚度一般为20～30米，最厚处可达180～200米。

　　一般泥土是地下岩石风化而成，但黄土高原上的黄土与地下岩石并不相干，只能是从远处搬来的，那么哪里才是黄土的故乡呢？

　　主流观点"风成说"认为，黄土的故乡在新疆、宁夏北部、内蒙古以及中亚的大片地带。由于中国西北一带是干旱荒漠，冬季盛行西北风，强劲的西北风每年会将大量粉砂吹到秦岭以北地区。黄土高原上部的黄土厚度相近，有由西向东逐渐变薄的态势，正好同黄土来自西部的方向一致。黄土底部的草原动植物化石也印证了

地理奥秘一点通

黄土是从西北荒漠吹过来的观点。

也有观点认为，黄土高原是特大洪水带来的大量泥沙沉积形成的，也就是"水成说"。相信随着人们的不断探索，一定会有更科学的解释。

黄土高原

黄土高原位于内蒙古高原以南，北起长城，南达秦岭，东至太行山，西抵祁连山，横跨青海、甘肃、陕西、山西、河南等省，海拔1000-2000米。在这块面积近60万平方千米的高原上，有70%的地面为黄土覆盖，是世界上最大的黄土覆盖地。

小资料

考考你

1.黄土高原上的黄土最厚可达（　）。

A 30米　B 180米　C 200米

2.关于黄土高原上黄土的来源，主流观点是（　）。

A 风成说　B 冲积说　C 流水说

答案：1C 2A

75 沙漠能变绿洲吗？

在一望无边的大沙漠中也有植物和动物生存，有的地方还有人居住，这样的地方就是绿洲。绿洲给了沙漠生命。

但土地的日益沙漠化一直在威胁着人类的生存，据估计，地球上的沙漠及受沙漠化威胁的土地总面积达到 4500 万平方千米，约占地球陆地面积的 30%，可见，治理沙漠已迫在眉睫。

治理沙漠以及防治沙漠化的主要措施是植树种草，培植防护林。植树种草可以起到固沙的作用。我国的沙荒地区，有一部分沙丘已经长了

草皮和灌木，不再转移阵地了。防护林的主要作用是减小风的力量，风遇到防护林，速度就会减小 70% ~ 80%。大量的防护林带不仅可以减小风速，还能阻止沙

149

粒的前进。治理沙漠还要有足够的水源，我国西北一些地区不仅有足够的雨量，地面径流和地下潜水也是很大的，还有高山上的大量积雪。只要能充分利用这些水源，进行综合治理，我们就能在沙漠中开辟出绿洲来。

绿洲形成的五大条件

第一，能存在于干旱的气候条件下；第二，有形成绿洲的最根本条件——水；第三，有合适的地理条件；第四，有合适的土壤条件；第五，有合适的光热资源。

小资料

150

考考你

1.治理沙漠最有效的方式是（　　）。
A 培植防护林　　B 退耕还林　　C 修渠挖道
2.经过科学的治理，沙漠（　　）变成绿洲。
A 能　　B 不能　　C 不确定

答案：1.A　2.A

76 山是怎样形成的？

在地球上，山地面积大概占陆地面积的 28% 以上。地球上之所以多山，是地壳运动的结果。

形成山的主要动力是地壳的水平挤压，一种是由于地球自转速度的变化而造成的东西方向的水平挤压；另一种是由于在不同纬度上受地球自转的速度不同而造成的地壳向赤道方向的挤压。这两种挤压再加上地壳受力不均所造成的扭曲，就形成了各种走向的山脉。

一般来说，地壳中比较坚实刚硬的部分，在地壳发生运动的时候，往往发生断裂，在断裂的两侧相对上升或下降，有时也能突出地面成为高山。在地壳中一些柔弱地带往往较易因地壳运动剧烈而产生褶皱隆起，

地理奥秘一点通

造成绵亘的山脉，世界上许多山脉就是这样形成的。

地壳运动造成了地面的凹凸不平后，再经过气候、流水以及冰川的侵蚀冲刷，于是就有了如今众多崇山峻岭的美景。

奥林匹斯山与奥运会

奥林匹斯山坐落在希腊北部，是希腊全国最高峰。古希腊人将之尊奉为"神山"，想象山上住着传说中的诸神，规定每四年一次在祭神仪式时举行体育竞技大会，大会期间实行休战，以便于公民自由往来，因而受到普遍欢迎。这就是最古老的奥林匹克运动会。

小资料

考考你

1. 地球上的山地面积大概占陆地面积的（　　）以上。

A 10%　　B 28%　　C 50%

2. 山的形成是（　　）。

A 上帝造的　　B 土地神仙变出来的

C 地壳挤压形成的

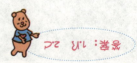

答案：1.C 2.C

11 岩石是怎样形成的？

　　地球上的岩石千姿百态，五彩缤纷，而且地球内部的岩石呈层带状结构。那么，这些岩石究竟是怎么来的呢？

　　岩石依照其形成原因可以分为火成岩、沉积岩、变质岩三种。

火成岩，又叫岩浆岩，是岩浆侵入地壳上部的岩层中或喷出地表后冷凝而形成的岩石。火成岩也是地壳中分布最广的一种岩石，例如，黄山、华山、衡山等都是岩浆侵入地壳上层形成的侵入岩，主要成分是花岗岩；而火山喷发出来的岩浆凝固而成的则是喷出岩，如玄武岩。

　　沉积岩，是地壳最上部的岩

地理奥秘一点通

石，它是由一万年前的岩石经过水、风或冰川冲刷、堆积而成的，例如页岩、石灰岩等。

变质岩，是原来的沉积岩或火成岩，在高温、高压下发生变质作用而形成的一种全新的岩石，例如花岗岩就能变成片麻岩。

地壳中的岩石

地壳指地球外表一层由岩石组成的固体硬壳，也称岩石圈，平均厚度为17千米。地壳中富含硅和铝，按成分可分为上下两层：上层成分相当于花岗岩，称花岗岩层；下层成分相当于玄武岩，称玄武岩层。

1. 岩石中分布最广的是（　　）。
A 火成岩　B 沉积岩　C 变质岩
2. 石灰岩属于（　　）。
A 火成岩　B 沉积岩　C 变质岩

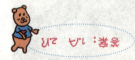

答案：1.A 2.B

154

78 为什么石头
会自己跳动?

　　小朋友，你见过会跳的石头吗？肯定没有吧，那么我现在向你们介绍一种会跳的石头！

　　有一次，一位科学家将从深海底刚采集到的石块放在船的甲板上，这些石块突然如青蛙一样蹦跳起来，并且发出"叽叽哇哇"的声音，把科学家吓得跳了起来。

　　后来，科学家研究发现，原来这些会跳动的石块来自那些死火山或者环状火山构成的海底山中。这些火山石里含有

地理奥秘一点通

的二氧化碳气体占到石块总体积的 18%。而当这些石块在深海海底时，因为那里的压力大，便会呈现相对稳定的状态；当它们升到水面时，因为压力减小，石块里的气体不断地向外逸出，就可以让石块向上浮起，从而产生了跳跳蹦蹦的情况。

二氧化碳的作用

二氧化碳是植物进行光合作用的必备原料，其含量增多对植物的生长有好处。它在潜水、航空中可作为氧气的来源，在工业技术和高科技生产中也能起重要作用。但是，二氧化碳增多会引起温室效应，使两极冰川融化，危及沿海城市，影响这些地区的生产活动。

1. 世界上（　　）会跳动的石头。
A 有　B 没有　C 不清楚
2. 石头会跳动是因为（　　）。
A 石头被巫婆施了魔法　B 石头是妖怪
C 石头里有气体跑出来

答案：1.A 2.C

79 地热从哪里来？

地球本身就像一个大锅炉，内部蕴藏着巨大的热能。它由地壳、地幔、地核组成，越往下温度越高。地热就是指地球内部蕴藏的热能量。从地球表面往下正常增温是每增加 1000 米，温度增加 25～30℃，在地下 40 千米处温度可达 1200℃，地球

中心温度可达到 6000℃。在地质因素的控制下，这些热能会以热蒸气、热水、干热岩等形式向地壳的某一范围聚集，如果达到可开发利用的条件，

便成了具有开发意义的地热资源。

地球内部温度这么高，那么它的热量是从哪里来的呢？据科学研究表明，地热的主要来源是地球物质中放射性元素衰变所产

157

生的热量。据估算，地球内部由于放射性元素衰变所产生的热量，平均每年约为 $2×1021$ 焦耳。火山、地震也是热能爆发的一种形式，但目前人类还无法利用这部分能量。人类现在能开发的地热资源主要是地下水和蒸气。

地热资源

地热资源是指能够为人类经济地开发利用的地球内部的热资源，也是一种清洁能源。地热资源是世界上最古老的能源之一。据测算，地球内部的总热能量，约为全球煤炭储量的1.7亿倍。每年从地球内部经地表散失的热量，相当于1000亿桶石油燃烧产生的热量。

考考你

1. 从地球表面往下正常增温是每增加1000米温度增加（　　）。

A 25~30℃　B 30~40℃　C 35~45℃

2. 地球结构中（　　）最热。

A 地壳　B 地幔　C 地核

答案：1.A　2.C

80 地热有什么用？

地热资源的利用由来已久，早在 2000 多年前人们就开始开发利用地下热水，至今从没有中断过。目前人们开发利用的地热主要是地下热水和蒸汽。

地热资源用途十分广泛。90℃以上的中高温地热主要用于发电和烘干等工业领域，例如西藏的羊八井地热田。90℃以下的低温地热，由于温度适宜、清

洁无污染，而且富含多种对人体有益的矿物质，因此用途更加广泛，可以从以下几方面来开发利用：

1. 地热直接供暖，既可以避免空气污染，又利于环保，而且节约能源。

2. 用于治疗保健。许多地区的中低温热矿水，富含锂、氟、氡、偏硼酸、偏硅酸等多种

159

我最喜爱的

第一本

百科全书

160

矿物质，有一定的医疗、保健、养生作用。

3. 利用地热建造温室或进行热水养殖，发展种植养殖业。

随着地热资源的更广阔的利用，庞大的地下热能很可能成为 21 世纪一个重要的新能源。

我们使用的能源

能源是自然界中能为人类提供某种形式能量的物质资源。人们使用的能源通常按它的形态特征或转换与应用层次进行分类。世界能源委员会推荐的能源类型分为：固体燃料、液体燃料、气体燃料、水能、电能、太阳能、生物质能、风能、核能、海洋能和地热能。

小资料

考考你

1. 人们从（ ）就开始开发地热资源。

A 2000 多年前　B 1000 多年前

C 20 世纪 80 年代

2. 90℃以上的地热主要用来（ ）。

A 地热供暖　B 热水养殖　C 发电和烘干

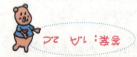

答案：1.A　2.C

81　火龙洞为什么四季火热？

火龙洞位于新疆伊犁的铁厂沟西山，是公元1814年发现的。火龙洞里的气温很高，即使是洞口，其最低气温也超过40℃。更有意思的是，一处向阳的小洞口的温度竟高达上百摄氏度，不仅可以煮鸡蛋、烘烤，还可清炖羊肉。

火龙洞是由地下煤田自燃而形成的地热资源，煤自燃所产生的热气从断裂的缝隙中溢出，这种含有硫磺、白矾、水晶等多种矿物质的气体对治疗多种慢性顽症有一定的疗效，尤其对高血压、风湿病、皮肤病等疾病有十分奇特的疗效。当地的医院还根据洞口

地理奥秘一点通

不同的温度设置了埋沙、烤腿等不同的治疗室。

　　由于火龙洞奇异的功效和良好的治疗条件以及神奇的传说，火龙洞不仅备受伊犁各族群众的推崇，同样也吸引着许多到此观光的国内外游客和各地的患者。

物体的自燃

　　自燃是指物质在空气中剧烈氧化而自动燃烧。主要是由于物体的着火点（燃点）较低，或者经过剧烈摩擦、温度剧增等引燃物体所致。夜晚出现在墓地附近的"鬼火"就是磷的自燃现象。物体自燃可能对人造成伤害，所以应注意通风，不要将易燃物体长时间放于阳光下。

小资料

考考你

1. 火龙洞位于（　　）。
A 新疆伊犁　　B 新疆乌鲁木齐　　C 西藏
2. 火龙洞洞口的最低气温在（　　）以上。
A 30℃　　B 40℃　　C 85℃

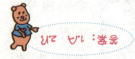

答案：1.A　2.B

82 煤矿中的瓦斯是从哪里来的?

现在翻开报纸，经常能见到某处又发生煤矿灾难的新闻，矿难的后果是人员伤亡，损失惨重。在日渐频繁的矿难事故中，瓦斯爆炸是比较常见的。那么，煤矿中为什么会有瓦斯呢？

众所周知，煤是由远古时代的植物演变而来的，而植物在形成煤的漫长而久远的历史过程中，会产生一系列相当复杂的化学反应，瓦斯就是煤在形成过程中产生的一种可以燃烧的气体，它的主要成分是沼气。据测算，

在地底层，每生成1吨煤，就会产生约1000立方米的沼气，但是大部分沼气都在煤生成后的漫长岁月里慢慢从煤层中渗出去了，残存在煤层里的很少。但是，在采煤时，这些残

地理奥秘一点通

存的气体会跑出来。当矿井中空气里的瓦斯含量达到 5% 以上时，只要遇到一丁点小火花，就会点燃沼气，发生爆炸，造成事故。所以煤矿工人在矿井下作业时，非常注意通风防火，以防瓦斯爆炸。

煤矿中的化学成分

　　煤是地球上储量最多的化石燃料，它的化学组成主要是碳、氢、氧、氮等几种元素。此外，还可能含有硫、磷、砷、铝、汞、氟等有害成分以及锗、镓、铀、钒等有用元素。

小资料

考考你

1. 瓦斯一般在（　　）比较常见。
A 大气中　B 煤矿中　C 河流中
2. 瓦斯的形成和（　　）有关。
A 煤　B 石油　C 金属矿

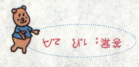

答案：1.B　2.A

83 地下为什么会有石油？

石油是我们人类赖以发展的重要能源，在现代工业、交通、国防等多方面都起到了极为重要的作用。石油产品已被广泛地应用到国民经济的各部门。

石油的主要成分是碳氢有机物的混合物，约占石油成分的97%～99%。石油是由埋藏在地底的远古生物遗体变化而成的，它的形成经过了漫长的年代。沿着地表深入地壳，平均每3千米就有含石油的岩层。石油层是在数亿年前沉积而成的，当时陆地面积还很小，地球的绝大部分都是海洋。随着时间的流逝，泥沙掩埋了远古的动植物残骸，这些埋藏在沉积盆地的动植物残骸在缺氧环境下经细

165

地理奥秘一点通

菌作用将碳水化合物中的氧逐渐消耗掉。随着地壳运动的变化，这些有机物越埋越深，温度和压力也逐渐升高，这些沉积的有机物逐渐受热裂解，成为石油和石气。

中国最大的油田

大庆油田是我国最大的油田，位于黑龙江省西部，松嫩平原中部，地处哈尔滨、齐齐哈尔市之间。油田南北长 140 千米，东西最宽处 70 千米，总面积 5470 平方千米。大庆油区的发现和开发，丰富和发展了石油地质学理论，对中国工业发展产生了极大的影响。

小资料

考考你

1. 石油的主要成分是（　　）。
A 水　　B 碳氢有机物　　C 酒精
2. 石油是由（　　）变来的。
A 远古的生物遗体　　B 岩浆　　C 水和泥土

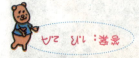

答案：1. B　2. A

84 沼泽是怎么形成的?

沼泽的形成有多种原因,大致可以分为水体沼泽和陆地沼泽。

水体沼泽一般存在于一些气候湿润的地区,河水带着许多泥沙流入湖泊,天长日久,湖泊变得越来越浅。伴随着湖水深浅的各不相同,各种各样的水生植物也逐渐繁殖起来。这些植物不停地生长、死亡,大量腐烂的植物残体开始不断地在湖底一点点堆积,慢慢形成泥炭,并随着湖底的逐渐淤浅,于是又有新的植物开始出现,从四周向湖心发展,最终湖泊变得越来越小,越来越浅。而当湖泊中间的沉淀物增大到一定程度时,原来水面宽广的湖泊很快就变成水汪汪的、水草

地理奥秘一点通

丛生的沼泽了。

陆地沼泽主要存在于低洼平原上的一些河流沿岸，例如在河水浅、流速慢的一些地带会产生积水，使水草生长很快而慢慢形成沼泽。

红军长征过"草地"

当年，中国工农红军长征时，经过了茫茫无际、人畜难行的"草地"，它其实是一片沼泽地。沼泽是在多水的条件下形成的，但它既不同于湖泊，也不同于湿地，是一种特殊的自然综合体。

小资料

考考你

1. 水体沼泽一般出现在（   ）。
A 湿润地区　B 干旱地区　C 半干旱地区
2. 水体沼泽主要是由（   ）变成的。
A 河流　B 湖泊　C 湿地

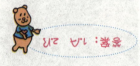

答案：1.A　2.B

85 为什么地震多发生在夜间？

1976年7月28日凌晨3点42分，我国唐山地区发生了7.8级大地震，当时大多数人还处在梦乡中，这次地震给当地带来了惨重灾难。当时有人说："要是地震发生在白天也不会死那么多人。"但地震往往就是发生在夜间，甚至是在人们熟睡的时候发生，这是为什么呢？

地震的发生与太阳和月球引力有很大关系。当地球内部在孕育地震的过程中，地下的岩石受力的作用接近于破裂时，如果正好又受到太阳

和月球的引力作用，这样已经准备好的地震能量就会一下子迸发出来。地震其实随时都会发生，多发生在夜间是因为在

地理奥秘一点通

夜间受太阳和月球的引力比白天要大得多。

地震不仅多发生在夜间，而且还常发生在农历初一、十五或十六前后，因为这时的太阳和月球引力最大。

震源与地震波

一次地震发生，只是在一定范围内的人们才能感觉到。地震时，震动的发源处叫"震源"。震动从这里以波的形式向各个方向传出，叫"地震波"。地震波的能量在震源处最大，在传播过程中逐渐减弱，传到一定距离就弱到人们感觉不出来了。

小资料

170

考考你

1.地震多发生在（　）。

A上午　B下午　C夜晚

2.地震跟（　）有关。

A地球的自转　B月球的引力

C太阳光的照射

答案：1.C 2.B

86 为什么火山会爆发？

炽热的岩浆在地下运行，遇到合适的机会就会喷涌而出，形成火山爆发。那么，引发火山爆发的动力在哪里呢？

地球的地心处是熔融状态，炽热的岩流在地球内部不停地翻滚运动，当运动十分剧烈时，在地壳的薄弱地带，尤其是板块交界处，就很容易喷射而出，形成火山爆发。地震发生时板块活动比较剧烈，容易引起火山爆发。月球在绕地球公转时，到达近地

171

点，对地球的引力加大，加剧了地球内部岩浆的活动，而月球引发的潮汐会改变海水对海岸线和岛屿的压力，也会引起火山爆发。暴雨的冲刷会使处于萌芽状态的火山加速爆发，大量的雨水渗入地下，然后被高温熔岩加热蒸发，这样在雨水变成蒸气时压力大大增加，从而引起火山爆发。

世界最大的活火山

地球上最大的活火山是夏威夷群岛的冒纳罗亚火山。它原来在深达千米的海底，后来海底火山爆发，喷出的熔岩长期堆积，越堆越高终于露出海面。冒纳罗亚火山海拔4170米，浸在海水中的基座有4600米。

小资料

考考你

1. 火山爆发时喷出来的是（ ）。

A 炽热的岩浆　B 地壳中的泥土

C 沸腾的开水

2. 火山爆发跟（ ）现象有关。

A 极光　B 泥石流　C 潮汐

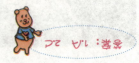

答案：1.A 2.C

87 海啸是怎样形成的?

海啸是一种严重的自然灾害，海水所到之处以排山倒海之势侵入滨海地区，严重威胁着人类的生存。2004 年发生的印度洋大海啸夺去了 20 多万人的生命，沿岸的几个国家满目疮痍，人们流离失所……这场海啸给人类带来的损失无法估量。

产生海啸的最主要原因是地震，当地震

地理奥秘一点通

在深海海底或者海洋附近发生时，地壳运动造成海底板块变形，板块之间出现滑移，这就造成海水大量的逆流，并引发海水开始大规模地运动，形成海啸。2004年的印度洋海啸就是印度洋海底大地震引发的。

海底山崩塌方、滑坡或海底火山爆发也会引发海啸，山崩塌方落下的沉积物和岩石会导致大规模海水运动，产生巨大的海浪，从而引发海啸。

另外，宇宙天体也是引发海啸的原因之一，当陨石落入海洋激起的波浪冲击力足够大时，就会引起海啸。不过这种情况极少见。

可怕的海啸

地震引起海底震动时，就会引起海啸。海啸能产生从海底直升到海面的海浪，其威力比一般海浪要强大得多。海啸产生的浪并不高，但其运动速度极快，能达到每小时900千米。当海啸到达海岸时，便堆积成巨大的浪头，给岸边的城镇造成巨大破坏。

1. 产生海啸最主要的原因是（ ）。
A 火山爆发　B 地震
C 海底山崩塌方、滑坡
2. 海啸是一种（ ）。
A 人为灾害　B 天体行为　C 自然灾害

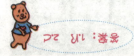
答案：1.B 2.C

88　为什么要种那么多树？

3月12日是中国的植树节，每年的这一天大家都会带上工具去野外义务植树，为绿化祖国出一份力。

为什么要种那么多树呢？因为种树的好处有很多。树木为我们的生活和工业发展提供了大量的原材料，树木供给我们木材

用来建房子、做家具，我们吃的许多水果也是树上长的。

树叶上长着许多细小的茸毛和黏液，能吸附病菌、病毒等有害物质，还可以大量减少和降低空气中的尘埃，一公顷草坪每年可吸收烟尘30吨以上。因此，人们把绿色植物称为"天然除尘器"。

树叶在阳光下能吸收二氧化碳，释放人体所需的氧气。据测定，一公顷阔叶林

175

地理奥秘一点通

每天约吸收 1000 千克二氧化碳，释放氧气 700 千克。因此，人们把绿色植物称为"氧气制造厂"。

　　森林还能调节气候，防风固沙，保持水土，防止水灾发生，对整个生态环境的发展有很大的作用，因此我们要多种树。

中国的森林

　　我国的森林覆盖率仅居世界第130位，人均森林面积居世界第134位，人均森林蓄积居世界第122位。森林资源地域分布极不均匀，占国土面积32.19％的西北五省（自治区）森林覆盖率仅为5.96％。

小资料

考考你

1. 我国的植树节是（　　）。
A 2月14日　B 3月12日　C 4月1日
2. 下面对树木的有益的用途说法错误的是（　　）。
A 净化空气　B 防风固沙　C 制造二氧化碳

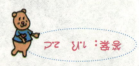
答案：1.B　2.C

89 为什么早晨的空气不是最新鲜的？

　　清晨，经常能在公园里看到许多晨练的人们，大家都认为早晨的空气最新鲜，但事实上并非如此，早晨的空气质量是最差的。

　　因为昼夜气温变化明显，当地面温度高于高空温度时，地面上的污染物就很容易被带到高空中扩散。如果地面温度低于高空温度时，天空中就会出现"逆温层"，它像一个大盖子一样，使地面空气中的污染物不能扩散。一般在夜间、早晨、傍晚，天空中容易出现"逆温层"，这时的空气较污浊，但是因为人们在晚上睡眠期间，空气不流通，加上外面比室内气温低，所以室外比室内空气明显要好，人们就感觉早晨的空气是

比较新鲜的。

而在白天，上午 10 点至下午 3 ~ 4 点的这段时间内，由于地面温度上升，"逆温层"被冲散，空气很新鲜，是锻炼身体的好时间。

大气污染

大气是人类及一切生物赖以生存必不可少的物质和基本环境要素之一，是自然环境的重要组成部分。大气污染是指大气中污染物的浓度达到了有害程度。凡是能使空气质量变坏的物质都是大气污染物。大气污染物目前已知约有 100 多种。

小资料

考考你

1. 一天中在（　）的时候空气比较新鲜。
A 早晨 6 点　B 中午 11 点　C 夜晚 10 点
2. 一般天空中容易出现逆温层的时间是（　）。
A 早晨　B 上午　C 下午

答案：1.B　2.A

90　为什么市区的气温比郊区高？

夏季，在城市里觉得热浪炙人，但到了郊区则明显感觉凉爽多了。气象统计资料表明，一年四季城市的气温都明显高于郊区，造成这种现象的原因有很多。

在城市里，人们大量燃烧石油、煤气、煤炭等燃料，燃料中的化学能大部分

转换成机械能、电能，其余的则转化为热能，直接释放到空气中。城市有大量的汽车，每天要排放大量尾气，这些尾气的温度都在几百度以上，这就大大影响了城市的气温。

城市的建筑物和深色的路面，在白天

会大量吸收太阳辐射热量，到了夜间，建筑物和路面则逐渐散热，使城市的气温不会降得很低。另外，由于空气中存在着大量烟尘和各种气体污染物，因而在城市上空形成了云和雾，大部分冷空气被阻挡在城市外。这些特殊的原因就使城市形成了一座"热岛"，使城市比郊区气温高，这种现象也叫热岛效应。

能量守恒与转换

能量包括机械能、热能、光能、电核能、化学能等。能量既不会消灭，也不会创生，它只能从一个物体转移到另一个物体，或者从一种形式转换成另一种形式。一种能量的消失，必定伴随其他形式能量的产生，能量之间转换其总量都是守恒的，遵循能量守恒定律。

1.（　　）不会造成城市气温升高。
A 汽车尾气　　B 城市上空的云雾
C 街道两旁的树
2.城市气温比附近郊区的高，这种现象叫做（　　）。
A 温室效应　　B 热岛效应　　C 厄尔尼诺现象

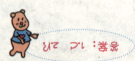

答案：1.C　2.B

91 为什么黑色的土地最肥沃?

　　东北黑土地是我国土壤最肥沃、最适于耕作的一片土地。这片面积为 100 万平方千米的黑土带，范围包括黑龙江、吉林、辽宁和内蒙古的一部分，它为全国提供了 14% 的米麦、40% 的大豆和 50% 的玉米。那么，为什么黑色的土地最肥沃呢?

　　东北一带，特别是松辽平原，属中温带半湿润季风气候，夏季高温，雨水充沛，植物生长茂盛，而秋季较短，植物很快枯萎死亡，接着是北风凛冽、寒气逼人的冬季。漫长的冬季，

地理奥秘一点通

使沉睡在千里冰封下的植物根茎逐渐分解化合，并储存在土壤里，形成了黑色土壤。这种土壤含有丰富的腐殖质，表土层很厚，酸碱度适中，团粒结构好，通气透水能力强，土质肥沃，很适于农作物的生长。由于黑土壤最为肥沃，所以民间流传有"插根筷子都能发芽"的说法，就是这样一片黑土地为国家的农业生产做出了重大的贡献。

腐殖质与团粒结构

已死的生物体在土壤中经微生物分解而形成的有机物质叫做腐殖质。由腐殖质和矿物颗粒等构成的团状小土粒，可以储存养分和水分，团粒之间的空隙便于渗水。这种结构叫做团粒结构。

考考你

1.（   ）是最肥沃的土地。
A 黑土地 B 黄土地 C 沙土地
2.我国最肥沃的土地在（   ）。
A 西北 B 东北 C 东南

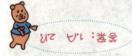

答案：1.A 2.B

92 为什么我国有的地方能长森林，有的地方能长草？

在我国青海、内蒙古等地区，大草原如一条厚厚的毡毯，一眼望不到边际；在我国的东北、东南等地区，有数也数不清的森林；在四川、云南、西藏等地区，还存在密密麻麻的原始森林。

为什么有的地方能长森林，有的地方能长草呢？这主要是当地的气候原因造成的。树木枝叶很多，每天蒸发消耗的水量很大，所以要生长在雨量较多、气候湿润的地区。而草呢？根浅叶少，比较耐旱，一年中只要有一段

地理奥秘一点通

时间比较湿润，就可以促进草的繁殖生长。

气候干湿不仅受降雨量的影响，而且与气温也有密切的关系，比如在热带年降雨量在 300~400 毫米之间，在寒温带气候里，这样的降水量可以生长茂密的森林，然而在热带，就只能长草，甚至有时候连草都不能活。

地球上的五带

赤道两侧南北回归线之间的地带，受太阳的热量最多，全年气温变化不大，叫做热带。南北半球的极圈与回归线之间的地带，叫做温带，并分为暖温带、中温带、寒温带。南北极圈以内叫做寒带。地球上的五带指热带、北温带、南温带、北寒带、南寒带。

在（　）、云南、西藏等地区，还存在密密麻麻的原始森林。

A 河南　B 陕西　C 四川

答案：C

93　为什么矿藏一般都在山区？

　　在生活中，只要我们一提到矿藏，就会说起"矿山"，矿总是和山连在一起，人们发现，矿藏一般都蕴藏在山区。

　　在这些矿藏中，有铁矿、铜矿、铝矿、钨矿、铅矿等。根据地壳活动的原理，山脉是经过长期的地壳运动形成的。山脉在很久以前可能是海洋，海洋中有着各种物质的残骸，经过几千年甚至上万年的物理和化学变化，这些物质变成了矿物质。后来经过地壳的升降运动，原来的海洋形成了现在的山脉，山脉里就自然含有各种矿藏。还有一种情况，地

185

壳运动造成火山爆发，喷出的岩浆中含有多种金属成分，当它们冷却后便自然凝固在新的山脉中。

当然，也有一些像石油、煤等矿藏分布在平原、沙漠或者盆地中。

岩石与矿石

岩石是地球表面的坚硬物质，大块的称为岩石，小块的则称为石头或卵石。岩石是由矿物构成的，如石灰石是一种由方解石或碳酸钙等矿物构成的岩石。岩石中含有多种矿物。矿石是含有矿物的岩石，金属就是从矿石中提炼出来的。

小资料

考考你

矿藏一般都蕴藏在（　　）。
A 山区　B 海洋　C 高原

答案：A

94 为什么晚上星星多第二天就是晴天？

　　小时候，我们一起在外面乘凉，看到满天的星星，大人们总会说："明天是晴天！"晚上星星多，第二天果然是晴天，这与当时的气候状况有着非常密切的关系。如果当时天上云层很厚，星星自然就被挡住，我们

看到的星星就会减少，说明空气中水汽含量很大，第二天不是阴雨天气，就是多云天气。

　　如果我们看到满天的星星，说明当时的气候比较干燥，空气中水汽

含量比较少，空气比较稳定，第二天不会出现降雨或者多云天气。

古语常说，看云识天气。有云没云，天上的星星可以作证。所以，我们判断第二天是什么天气，可以观察天上的星星。

美丽的银河系

当我们在晴朗的夏夜仰望天空，会发现天空中有一条银白色的光带，从东北向西南方舒展开来，这条光带就是银河。我们看到的银河只是银河系中的一部分，银河系的质量约为1400亿个太阳的质量，其中恒星约占90%，星际物质约占10%。

小资料

 考考你

如果天上云层很厚，星星自然就被挡住，我们看到的星星就会（ ）。

A 增多　B 减少　C 不变

答案：B

95 为什么冬天刮西北风 天气就会放晴?

西北风一直被我们认为是寒冷的象征。西北风吹过，意味着寒冬腊月的到来。我国东南部地区刮的西北风，往往来自于我国的北方、蒙古和俄罗斯的西伯利亚，那些地方的冬季特别寒冷。

地理奥秘一点通

从西伯利亚吹来的寒流，经过蒙古、内蒙古的沙漠地区，携带着大量的干冷空气，这些气流来势十分迅猛。在我国东南部的大部分地区，由于受从海上吹来的暖湿气流的影响，空气比较湿润，雨水比较多。干冷空气的到来使得暖湿空气马上逃跑，整个东南部地区完全被补充进大量干燥而寒冷的冷空气。

原来空气中的水汽变得越来越少，少到几乎没有。水汽没有了，意味着天气就会放晴。

风的种类

风是地球大气环流的一部分，它是由于各地气压高低不同而产生的。风总是从高气压吹向低气压，只要气温或气压改变，就会有风吹动。风有信风、季风、台风、龙卷风、海陆风、山谷风、干热风等各种类型。

干冷空气吹走了（　　）空气，天气就会变晴。
A 暖湿　B 热　C 寒冷

答案：A

96 为什么拉萨被称为日光城?

拉萨是一座具有 1300 年历史的古城,位于雅鲁藏布江支流拉萨河北岸,海拔3650 米。

"拉萨"在藏文中为"圣地"或"佛地"之意,长期以来就是西藏政治、经济、文化、宗教的中心。金碧辉煌、雄伟壮丽的布达拉宫,是至高无上、政教合一的政权象征。

地理奥秘一点通

不仅如此，拉萨还被称为"日光城"。因为拉萨地处青藏高原，这里大气层厚度比平原地区薄得多，而且空气非常洁净。

在拉萨这个地方，太阳的辐射不受任何阻挡。太阳的能量大，光照强，青藏高原就成为全国太阳辐射量最多的地区。

据统计，拉萨全年日照时数为 3005 小时，比东部地区多 1000 小时，故拉萨被称为"日光城"。

雄伟的布达拉宫

布达拉宫坐落在西藏首府拉萨市区西北的玛布日山（红山）上，是一座规模宏大的宫堡式建筑群。它最初是松赞干布为迎娶文成公主而兴建的，17世纪重建后，成为历代达赖喇嘛的冬宫居所，也是西藏政教合一的统治中心。

1. 拉萨是一座具有 1300 年历史的古城，海拔（　）米。

A 3650　B 4650　C 5250

2. 拉萨全年日照时数为（　）小时，比东部地区多 1000 小时。

A 3005　B 4005　C 1005

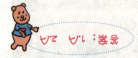
答案：1.A 2.A

97 为什么把柴达木盆地称为"聚宝盆"?

柴达木盆地是我国三大内陆盆地之一，周围被 4000 米以上的昆仑山、阿尔金山、祁连山所环抱，盆地中间海拔在 3000 千米以下，四周逐渐升高，面积约有 25 万平方千米。

"柴达木"是蒙古语，意为"盐泽"，更确切的意思为"一片浅缓倾斜的，有着鹅卵石的大漫坡"。它形象地反映出盆地内既有丘陵沼泽，又有沙漠戈壁的地理景观。

这里的盐特别多，简直是盐的世界！大大小小的盐湖有 100 多个，

我最喜爱的 **第一本** 百科全书

194

食盐总储量有600亿吨之多！不仅数量大，而且质量好。经检测，这些盐中含有丰富的钾、镁、硼等多种化学元素，是非常好的工业原料。

柴达木盆地内部不仅有盐，还含有丰富的矿产资源，种类多、储量大、品位高，人们称它为"聚宝盆"。盐、石油、铅锌和硼砂是盆地中的"四大宝"。

中国三大内陆盆地

我国的三大内陆盆地是指塔里木盆地、准噶尔盆地和柴达木盆地。塔里木盆地和准噶尔盆地位于我国西北部内陆，在新疆境内，分居天山南北两侧。柴达木盆地在青藏高原的东北部青海省境内，平均海拔在3000米左右，是一个典型的内陆高原盆地。

小资料

考考你

1. 柴达木盆地是我国（　）大内陆盆地之一。
A 三　B 七　C 五
2. 柴达木盆地大大小小的盐湖有（　）多个。
A 10　B 100　C 50

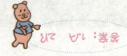

答案：1.A 2.B

98 五岳为何少黄山？

黄山位于风景秀丽的皖南山区，它以"三奇四绝"的奇异风采名冠于世。

黄山是以自然景观为特色的山岳旅游风景区，奇松、怪石、云海、温泉素称黄山"四绝"，令海内外游人叹为观止。黄山有名可数的七十二峰，或崔嵬雄浑，或峻峭秀丽，布局错落有致，天然巧成。天都峰、莲花峰、

光明顶是黄山的三大主峰，海拔高度皆在1800米以上。黄山的其他景观以三大主峰为中心向四周铺展，跌落为深壑幽谷，隆起成峰峦峭壁，呈现出典型的峰林地貌。

黄山不仅是峰之海，还是云之海。人们根据云层飘浮的位置所在，把它分成前海（南海）、后海（北海）、东海和西海，而光明顶是黄山前山和后山的分界，亦是新安江水系与长江水系的分水岭。

可是，这样美妙的山竟然在五岳之外，究竟是为什么呢？

195

地理奥秘一点通

据史书记载，五岳在汉朝时已经被命名了。泰山，在商代就是我国的经济、文化中心；华山是关中要塞；嵩山是中华文明的发祥地；衡山是我国南方经济、文化的开放区。相比之下，黄山直到唐朝才有游人的踪迹，因此也就未列入五岳之名。

三山五岳

中国名山首推五岳，五岳是指东岳泰山、西岳华山、中岳嵩山、北岳恒山和南岳衡山。传说中的"三山"是"神仙"居住的地方，名曰蓬莱、方丈、瀛洲。而后，人们在五岳之外的名山中选择了新的三山，广为流传的是指：安徽黄山、江西庐山、浙江雁荡山。

小资料

考考你

1.奇松、怪石、云海、（　）素称黄山"四绝"。
A竹子　B梅花　C温泉
2.黄山雄踞于风景秀丽的皖（　）山区。
A北　B南　C西

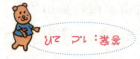

答案：1.C 2.B

99   为什么华山特别险？

"华山天下险"。坐落在陕西省华阴县境内的华山，自古以来就以雄伟奇险闻名天下，其最高峰海拔约 2100 米。这座山，处处是悬崖峭壁，山路险峻，很多人将游华山视为探险。有不少人慕名而来，但登到险处，胆战心惊，半途而返。华山之险是其特色，它的引人之处也就在这个险字上。华山是我国五岳之一，称为西岳华山。

华山还有一个特点，就是只有一条道路通往山上，因此有"华山自古一条路"的说法。当然，对于英勇的解放军战士、登山运动员和采药的农民来说，那又另当别论。

登华山，一般是从山脚的玉泉院起步。沿山谷，走约 20 华里，到达一处叫青柯坪的地方。其东侧有一块大石，刻有"回心石"三字。从这里往上就是华山的险途。这三个字是告诉那些体力不

地理奥秘一点通

济和胆子小的人，到这里就可以回去了。

华山为什么特别险峻呢？华山是秦岭的一峰，在几千万年前，秦岭北段的华山和渭河平原交界地带发生了断裂，华山因此不断长高，渭河平原不断降低。这样，华山就显得又高又陡了。

华山的名胜古迹

华山有很多名胜古迹，庙宇道观、亭台楼阁、雕像石刻随处可见。华山上比较著名的古迹有玉泉院、真武宫、金天宫（白帝祠）等景点。华山以北 7 千米处的西岳庙是古时祭祀西岳华山神的庙宇。

1. 华山最高峰海拔约（　）米。
A 2500　B 2100　C 1800

2. 在几千万年前，秦岭北段的华山和（　）交界地带发生断裂，华山因此不断长高。
A 渭河平原　B 三江平原　C 长江三角洲

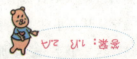

答案：1.B　2.A

100 我国有哪"三大火炉"?

　　炎炎夏日，我国长江流域的平均气温最高，其中南京、武汉、重庆被称为"三大火炉"，它们的极端最高气温都在40℃以上，而且高温持续时间比较长。

　　造成这种情况的主要原因是三伏期间长江流域高空被副热带高压所控制，使温度增高，同时万里无云，太阳似火般地炽烤着大地，以致温度急剧上升。

　　其次，这三地都位于长江沿线，地势比较低，地面热量不易散发，都聚集在近地空中。

　　还有，在这三个城市的郊区，湖河密

地理奥秘一点通

我
最
喜
爱
的
**第
一
本**
百
科
全
书

200

布，水田河渠，纵横交错。在阳光照射下，水分蒸发，使空气显得十分沉闷。

由于上述原因，再加上近年来经济的发展，人为污染的加剧，不断造成空气升温。所以，武汉、重庆、南京被称为"三大火炉"。

夏季三伏

夏季的"三伏"是按照我国古代的"干支纪日法"确定的，是一年中最热的日子。"伏"表示阴气受阳气所迫藏伏地下。"三伏"是初伏、中伏和末伏的统称，每年出现在阳历7月中旬到8月中旬。

小资料

考考你

南京、武汉、重庆被称为"三大火炉"，它们的极端最高气温都在（　）℃以上。

A 50　B 30　C 40

答案：C

101　为什么在云南、贵州、广西等地有很多天生的石桥？

在我国云南、贵州、广西等地有很多天生的石桥。那么，这些石桥是怎么来的呢？

原来在这一带，石灰岩分布很广，要占3个省区总面积的一半以上。每到高温季节，这些地方的有机物容易氧化成为碳酸，加上这时雨水充沛，对石灰岩的侵蚀作用非常强烈，很容易形成许多小沟和洞穴。

当它们互相流通的时候，水在其中，就像真正的河槽一样了。这

201

地理奥秘一点通

些地下河流长期溶蚀岩层，最后把顶部溶穿坍塌下来，变成了"地上河流"。如果某一个地段，地下河段的前后都发生了坍塌，独有中间一段被保留下来，天生石桥就"诞生"了。

水的雕刻作用

　　水具有溶解功能，在石灰岩地区，水的溶解作用会将裂隙溶成空洞，并不断扩大。另一方面，水会劈开石头。气温变化很大时，岩石热胀冷缩使表面出现石缝，雨水渗入石缝在0℃以下结冰膨胀。长期以往，岩石就被水劈开了。

　　在我国云南、贵州、广西等地，石灰岩分布很广，要占3个省区总面积的（　　）。

　　A一半以上　B三分之一　C四分之三

答案：A

102 我国下雪最多的地方在哪里？

南方的人可能对雪的感情没有多么深厚，可雪对北方人来讲，就是"瑞雪兆丰年"，那使人们的生活增加了无限的乐趣。一到下雪的时候，大家在一起玩雪球、堆雪人、打雪仗，甭提有多高兴啦！

那么，你知道我国什么地方下雪最多吗？

我国有三个下雪多的地方：一个是东北大小兴安岭和长白山地区；一个是西北的阿尔泰山和天山地区；第三个是青藏高原。这几个地区冬季漫长、严寒，而空气又比较湿润，所以雪量很大。

青藏高原的高山区常年积雪，大小兴安岭、阿尔泰山、天山等地下雪和积雪的时间都在半年以上，长白山的天池达9个月。在我国平原地区积雪时间最长的地方是黑龙江的漠河，每年积雪时间有200天。

地理奥秘一点通

普通降雪有小雪、大雪，被称做鹅毛大雪就算比较大的了。但是英国和美国分别下过一场更大的雪，雪的直径有 10 厘米，如同小碟子一样大，所以人们叫它"雪碟"。

美丽的冰羽

冬天的早晨，玻璃窗上有时会覆盖着一层漂亮的冰羽，这是因为当湿气遇到冰冷的玻璃，并且温度降至冰点时，就会凝结的原因。

考考你

（　　）不是我国下雪最多的地方。

A 青藏高原　B 黄河下游　C 阿尔泰山

答案：B

103 南极地区为什么没有地震？

南极大陆发生的地震很少，有记录的几次地震的震级也不大，因此，南极大陆是地球上最大的地震活动明显不发育的地区。在这里世界标准地震记录网只记录到为数极少的地震活动。自国

际地球物理年以来，已经有十多个地震台站在南极大陆工作，这些台站所记录到的局部小地震通常都是由冰山崩裂或破裂而引起的，只有极少数可能是由火山活动成因的小地震，与埃里伯斯山、罗斯岛及南极半岛

地理奥秘一点通

附近的火山活动有关。

我们知道，地震是由地壳断裂或位移产生的。在南极，地面上覆盖着很厚的冰盖，最厚的地方可达 4200 米。厚厚的冰盖沉沉地压在地面上，地应力很难使地壳发生断裂或位移，当然就不会发生地震。

南极洲的陆地动物虽有 150 余种，但其中多为海鸟和海兽身上的寄生虫，并非真正的陆地动物。真正的南极陆地动物有昆虫和蜘蛛类，它们是在南极大陆土生土长的土著居民，例如蜱、螨、尖尾虫和蠓等。南极大陆的陆地动物与地球上其他大陆相比，动物的种群和数量都少得可怜。

响尾蛇

响尾蛇每蜕一次皮，尾部不脱落的部分就会角质化，出现一个角质环，这些角质环增多以后，就形成了一个内部中空的空腔，当响尾蛇摇动尾巴时，空腔内的空气发生震荡相互撞击，于是就有声音产生。

小资料

考考你

1. 在南极，地面上覆盖着很厚的冰盖，最厚的地方可达（　）米。

A 420　B 42　C 4200

2. 南极洲的陆地动物有（　）余种。

A 180　B 150　C 130

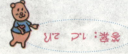

答案：1. C　2. B

104 你知道少女峰名字的由来吗？

在瑞士中部有一座山峰，海拔 4158 米，绵延 18 千米，是阿尔卑斯山的最高峰之一，也是欧洲最高峰之一。峰顶覆盖着晶莹的冰雪，几道冰川顺峰而下，站在山下远远望去，宛如一位少女，披着长发，银装素裹，恬静地仰卧在白云之间，所以被称做"少女峰"。

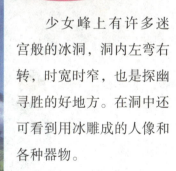

少女峰上有许多迷宫般的冰洞，洞内左弯右转，时宽时窄，也是探幽寻胜的好地方。在洞中还可看到用冰雕成的人像和各种器物。

少女峰是伯尔尼高地最迷人的地方，这里终年积雪，如果天清气朗，极目四望，景象壮丽，毕生难忘，这里有欧洲最高的火车站可直达。少女峰登山铁路本身就是20世纪初一大工程奇迹。修筑这条铁路用了16年时间，而为了避免滑坡和风雪，路线有相当长的部分是在艾格峰腹地内的隧道中盘旋而上的。

少女峰是国际知名的旅游胜地。它的东、西两侧各有登山通道。1912年还建成了7千米长的隧道，游人乘上火车通过隧道可直抵少女峰的一个山口。

阿尔卑斯山

阿尔卑斯山是欧洲最高大、最雄伟的山脉。它西起法国东南部的尼斯，经瑞士、德国南部、意大利北部，东到维也纳盆地，绵延1200千米。宽120-200千米，最宽处可达300千米。山势高峻，平均海拔约达3000米左右。

小资料

考考你

少女峰海拔（　）米，绵延18千米，是阿尔卑斯山脉的一座高峰。

A 4158　B 5485　C 1258

答案：A

105 非洲草原动物 为什么要迁移？

辽阔的非洲大陆，赤道横贯中部。赤道地区，终年高温多雨，分布着茂密的热带雨林。热带雨林的南北两侧，则是面积广阔的热带草原。

同是热带草原，赤道南北两地的季节却正好相反。每年5~10月，赤道以北的热带草原区进入夏季，此时赤道的低气压带北移，气流上升，空气在上升过程中，温度降低，容易凝云致雨，所以形成大量的降水，使这一地区进入湿季。而赤道以南的热带草原此时正处于副热带高气压带的控制之下，气流下沉，温度升高，水汽不易

地理奥秘一点通

凝结，干燥少雨，这便是干季。从11月到次年4月，由于太阳直射点和气压带的南迁，形成北干南湿的状况。

当南方的热带草原处于湿季时，大地上长满了茂盛的青草，为食草动物提供了充裕的食物。于是，北方的食草动物纷纷南下，迁徙至此，而食肉动物自然是紧随其后。等南方转湿为干后，草木枯黄，食草动物便成群结队地向正处于湿季的北方草原进军，食肉动物也不甘落后，随之北迁。

所以，非洲草原动物之所以会大规模迁徙，是由当地的地理、气候等因素决定的。

非洲草原动物

非洲的热带草原气候带分布着高草丛生的热带草原，这里有许多大型植食动物，如非洲象、长颈鹿、斑马、羚羊、野牛等。另外，由于草原上景观开阔，运动迅速的穴居动物也有很多，如土豚、疣猪、跳兔等。

考考你

1. 辽阔的非洲大陆，（　）横贯中部。

A 赤道　B 冰川　C 岛屿

2. 空气在上升过程中，温度（　）。

A 降低　B 升高　C 不变

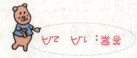

答案：1.A　2.A

106 为什么塔克拉玛干沙漠并非"死亡之海"?

　　塔克拉玛干沙漠位于我国新疆南部的塔里木盆地，它面积约为 32 万平方千米，是我国面积最大的沙漠，被称为"死亡之海"。

　　为什么它被称为死亡之海呢？"塔克拉玛干"为蒙古语，它的意思是"进去了出不来"。长期以来，很少有人敢深入塔克拉玛干沙漠。沙漠地带一般雨量不多，而这片大沙漠降水则更为稀少。所以，这片沙漠被认为是一个无生命存在的恐怖地带。

　　1993 年，中国科学院组成一个综合考察队，深入塔克拉玛干沙漠，进行了大规模的综合科学考察活动。考察结果令人高兴，他们发现塔克拉玛干沙漠并非人们传闻的生物不能存活的死亡之海。沙漠中不仅有狂风走沙，还有云、雾、雪、霜、雹、露等多种天气现象。沙漠之

地理奥秘一点通

下，可找到相当数量的地下水，仅是浅层地下水的储量就有 81578 亿立方米，可为生命的生存提供重要物质基础。在这所谓的死亡之海中，也发现了不少种类的动植物，其中动物有 272 种，高等动物有 73 种，还有许多种类的低等植物和微生物。

高等动物

在动物学中，高等动物一般指的是身体结构复杂、组织和器官分化显著并具有脊椎的动物。但在脊椎动物中，以哺乳类、鸟类、爬行类、两栖类、鱼类顺序排列，则可称前者为后者的高等动物。

小资料

考考你

1.（　　）被认为是一个无生命存在的恐怖地带，并被称为"死亡之海"。

　　A 塔克拉玛干沙漠　　B 拉特沙漠　　C 利马沙漠

2. 在这所谓的死亡之海中，发现了不少种类的动植物，其中动物有（　　）种。

A 272　　B 234　　C 567

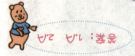

答案：1.A　2.A

107　世界上国中之国有多少？

　　莱索托、圣马力诺和梵帝冈是世界上 3 个完全被另一个国家包围的国中之国。

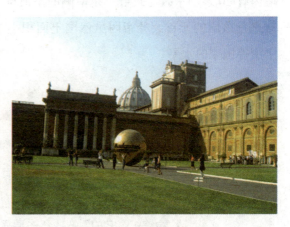

　　位于南非屋脊的莱索托是最大的国中之国，领土约 3 万平方千米，全境被南非共和国包围，首都马塞卢隔卡利登河与南非对峙。东部与南非交界的是天然"长城"德拉肯斯山脉，山崖耸立，顶峰平直，260 千米长的边界线找不到一个豁口，进出国境要绕大弯。

　　圣马力诺是老牌的共和国，386 千米的国境线全被意大利包围。进入国境不验护照，不见哨兵，若非界碑标示，谁也不知已经跨入了另一

个国家。然而自1263年制定共和法规，它已成为欧洲最古老的共和国。蒂塔诺山巅上的古堡供奉着马力诺的圣像和骨灰盒，成了这里的象征。

梵帝冈是意大利罗马城市的国中国，是世界上最小的主权国家。国土仅0.44平方千米，相当于北京故宫的2/3大。梵帝冈的城墙就是国界，墙内有20多个宗教建筑群。东南侧的圣彼得广场，可容纳50万人集会。教皇是该国的元首。梵帝冈虽然国土面积小，但它的财富已经超过了一个中等国家的水平。

梵帝冈的财政来源

梵帝冈境内没有田野，没有农业，没有工业，也没有矿产资源。但是这里有世界最大的天主教堂圣彼得大教堂，有驰名世界、收藏丰富的梵蒂冈博物馆……它的财政收入主要靠旅游、邮票、不动产出租、宗教事务盈利及向教皇赠送的贡款和教徒的捐款等。

考考你

1. 世界上有（　）个完全被另一个国家包围的国中之国。

A 3　B 5　C 10

2. （　）是意大利罗马城市的国中国，是世界上最小的主权国家。

A 梵帝冈　B 圣马力诺　C 莱索托

答案：1.C 2.A

108　世界第八大奇迹是什么？

外国元首、学者参观秦俑博物馆后认为，秦俑坑的发现，不仅在中国，而且也是世界考古史上的一次重大发现，可以说是世界第八个奇迹，它可以同埃及金字塔和古希腊雕塑相媲美，公认它是世界人类文化的宝贵财富。

震惊中外的考古发现在 1974 年，中国考古工作者把沉睡千年的 7000 多件陶俑发掘出土，被认为是古代的奇迹，是 20 世纪最壮观的考古发现。秦兵马俑，无论在数量上、质量上，还是在考古发现上，

地理奥秘一点通

都是世界上所罕见的，它对于深入研究公元前 2 世纪秦代的军事、政治、经济、文化、科学和艺术等提供了极为珍贵的实物材料。它既是中国人民的艺术珍品，又是世界人民的共同文化遗产。

秦始皇兵马俑是以现实生活为题材而塑造的，艺术手法细腻、明快，手势、脸部表情神态各异，具有鲜明的个性和强烈的时代特征，显示出泥塑艺术的顶峰，为中华民族灿烂的古老文化增添光彩，给世界艺术史补充了光辉的一页。

世界七大奇迹

公元前 3 世纪的腓尼基旅行家昂蒂帕克最早提出了世界七大奇迹的说法，指的是埃及的金字塔、巴比伦的空中花园、土耳其的阿尔忒弥斯神殿、地中海的罗德岛太阳神铜像、埃及的亚历山大灯塔、希腊奥林匹亚的宙斯神像和土耳其的摩索拉斯王陵。

秦始皇兵马俑是以（   ）为题材而塑造的。
A 现实生活　B 社会　C 战争

答案：A